中职公共基础课系列工具书——

文言文助学

主　编：潘莉萍

编　委：(依姓氏笔画顺序排名)

　　　　吴　旭　吴苏雯　何正生

　　　　胡玲燕　程　锋

苏州大学出版社

图书在版编目(CIP)数据

文言文助学/潘莉萍主编. —苏州:苏州大学出版社,2014.10（2023.7重印）
　ISBN 978-7-5672-1099-8

　Ⅰ.①文… Ⅱ.①潘… Ⅲ.①文言文－中等专业学校－教学参考资料 Ⅳ.①G634.303

　中国版本图书馆 CIP 数据核字（2014）第 233828 号

书　　名	《文言文助学》
编　　著	潘莉萍
责任编辑	周建国
出版发行	苏州大学出版社
社　　址	苏州市十梓街1号
网　　址	www.sudapress.com
印　　刷	苏州工业园区美柯乐制版印务有限责任公司
邮购热线	0512-67480030
开　　本	787mm×1092mm　1/16　印张:14.25　字数:311千
版　　次	2014年10月第1版
印　　次	2023年7月第10次印刷
书　　号	ISBN 978-7-5672-1099-8
定　　价	40.00元

凡购本社图书发现印装错误，请与本社联系调换。服务热线:0512-67481020

前　言

　　阅读文言文，特别是文言文中的经典作品，是一段精彩纷至沓来的旅程——

　　追溯现代汉语之源的寻根之旅：历史的车轮滚滚向前，有人说"变化"才是不变的，但文言文书面语却随着先秦诸子、两汉辞赋、史传散文、唐宋古文、明清小说等流传下来。无论是从语法还是从词汇等方面看，现代汉语与文言文一脉相承，关系密切。因此，学好文言文未尝不是学好现代文的重要支柱和阶梯。

　　领略千年中华文明的探索之旅：炫目的先秦繁星，皎洁的汉宫秋月；高山流水的琴瑟，珠落玉盘的琵琶；孔子的颠沛流离，庄子的逍遥云游；魏王的老骥之志，诸葛的锦囊妙计；君子好逑的《诗经》，魂兮归来的《楚辞》；被挖髌骨的孙子修《兵法》，受过宫刑的司马著《史记》；李太白的杯中酒，曹雪芹的梦中泪；千古绝唱的诗词曲赋，功垂青史的《四库全书》……移步换景，何处不生情？

　　对话古代先贤哲人的成长之旅：春秋战国诸子百家欲辩已忘言的是什么？西汉太史公一支史笔录下的是什么？唐代诗坛群星平平仄仄间吟出的是什么？宋代词人行走在豪放与婉约的路上诉说的是什么？关汉卿这粒蒸不烂、煮不熟的铜豌豆咿呀之间唱出的又是什么？如此种种，阅读经典即对话先贤、成长自我。

　　……

　　中专三年，江苏省职业学校语文教材编写组分别在第二册、第三册、第五册教材中为我们规划了"文采若云月""文言的津渡""古典的魅力"三段行程十六处景观。既然这样，我们何不开开心心地展开这段旅程呢？

　　为此，我们编写了这本"中职公共基础课系列工具书"之《文言文助学》，希望给踏上旅程的同学们以支持与帮助。

　　《文言文助学》基于教育部《中等职业学校语文教学大纲》，立足教材，尊重教材，以篇目为单位，由"原文与译文""资料与背景""字词与句式""内容与特色""重点与难点""阅读与拓展"等几个部分构成，关注学生，重视能力培养，服务于学生基本科学文化素养的培养，服务于学生的终身发展。

编写组
2014 年夏

目　录

前　言 ……………………………………………………………………………(1)

第二册　文采若云月

01. 子路、曾皙、冉有、公西华侍坐 …………………………………《论语》(1)

02. 鸿门宴 ……………………………………………………………司马迁(12)

03. 师说 ………………………………………………………………韩　愈(31)

04. 六国论 ……………………………………………………………苏　洵(42)

※05. 游褒禅山记 ……………………………………………………王安石(56)

※06. 项脊轩志 ………………………………………………………归有光(62)

第三册　文言的津渡

07. 劝学（节选）………………………………………………………荀　子(69)

08. 过秦论 ……………………………………………………………贾　谊(80)

09. 赤壁赋 ……………………………………………………………苏　轼(98)

※10. 窦娥冤 …………………………………………………………关汉卿(111)

※11. 病梅馆记 ………………………………………………………龚自珍(117)

第五册　古典的魅力

12. 庖丁解牛 …………………………………………………………《庄子》(123)

13. 廉颇蔺相如列传（节选）…………………………………………司马迁(132)

14.《伶官传》序 ………………………………………………………欧阳修(153)

※15. 察今 ……………………………………………………………《吕氏春秋》(163)

※16. 左忠毅公逸事 …………………………………………………方　苞(172)

附 录

附录1:作家作品一览表 ·· (179)

附录2:我国古代文学主要成就 ··· (188)

附录3:我国文学之最一览表 ··· (190)

附录4:文史名词解释一览表 ··· (196)

附录5:文化常识 ·· (200)

附录6:部分古代汉语知识 ·· (212)

参考答案及讲析 ·· (214)

注:标有※的文章是选读或自读内容。

01. 子路、曾皙、冉有、公西华侍坐

《论语》

【原文与译文】

1

子路、曾皙、冉有、公西华侍坐。子曰:"以吾一日长乎尔,毋吾以也。

子路、曾皙、冉有、公西华(四个人)陪(孔子)坐着。孔子说:"因为我年纪比你们大一点,不要认为我这样(就不敢说话)了。

居则曰:'不吾知也。'

(你们)平日总在说:'没有人了解我们啊。'

如或知尔,则何以哉?"

如果有人了解你们,那么(你们)打算做些什么呢?"

2

子路率尔而对曰:"千乘之国,摄乎大国之间,

子路不假思索地回答说:"一个拥有一千辆兵车的国家,夹在大国之间,

加之以师旅,因之以饥馑,由也为之,比及三年,

有(别国)军队来侵略它,接着(国内)又有饥荒,(如果)让我去治理它,等到三年功夫,

可使有勇,且知方也。"

就可以使(人人都)有勇气,而且懂得做人的道理。"

3

夫子哂之。

孔子听了,微微一笑。

4

"求,尔何如?"

(孔子又问:)"冉求,你怎么样?"

5

对曰:"方六七十,如五六十,求也为之,比及三年,可使足民。

(冉求)回答说:"一个方圆六七十里,或者五六十里(的小国),(如果)让我去治理它,等到三年,就可以使老百姓富足起来。

如其礼乐,以俟君子。"

至于它的礼乐教化,只能等待贤人君子(来施行)了。"

6

"赤,尔何如?"

(孔子又问:)"公西赤,你怎么样?"

7

对曰:"非曰能之,愿学焉。宗庙之事,如会同,端章甫,愿为小相焉。"

(公西赤)回答说:"我不敢(夸口)说能够做到(怎样怎样),只是愿意学习。(像)祭祀祖先的事,或者是诸侯会盟、共同朝见天子(的时候),(我)愿意穿着礼服,戴着礼帽,做一个小小的司仪(赞礼人)。"

8

"点,尔何如?"

(孔子又问:)"曾点,你怎么样?"

9

鼓瑟希,铿尔,舍瑟而作,对曰:"异乎三子者之撰。"

(这时曾点)弹瑟的声音逐渐稀疏了,(接着)铿的一声,曾点离开瑟直起身子,回答说:"我和他们三位所讲的不一样呀!"

10

子曰:"何伤乎? 亦各言其志也!"

孔子说:"那有什么关系呢? 也(只是)各自谈谈自己的志向罢了。"

11

曰:"莫春者,春服既成,冠者五六人,童子六七人,浴乎沂,风乎舞雩,咏而归。"

(曾点)说:"暮春时节(天气暖和),春天的衣服已经穿上了。(我和)五六位成年人,六七个青少年,(一起)到沂河里洗洗澡,在舞雩台上吹吹风,(然后一路)唱着歌儿回家。"

12

夫子喟然叹曰:"吾与点也!"

孔子长叹一声说:"我赞成曾点的想法呀!"

13

三子者出,曾晳后。曾晳曰:"夫三子者之言何如?"

(子路、冉有、公西华)三个人都出去了,曾晳落在后面。曾晳问(孔子):"他们三位讲得怎

14

子曰:"亦各言其志也已矣!"

孔子说:"也(只是)各自谈谈自己的志向罢了。"

15

曰:"夫子何哂由也?"

(曾皙)说:"您为什么笑仲由呢?"

16

曰:"为国以礼,其言不让,是故哂之。

(孔子)说:"要用礼让来治理国家,(可是)他的话一点也不谦让,所以我笑他。

唯求则非邦也与?安见方六七十,如五六十而非邦者也?

难道冉求所讲的就不是国家吗?怎见得方圆六七十里或五六十里的地方就不是国家呢?

唯赤则非邦也与?宗庙会同,非诸侯而何?赤也为之小,孰能为之大?"

难道公西赤所讲的不是国家大事吗?宗庙祭祀,诸侯会盟和共同朝见天子,不是诸侯国家的大事又是什么呢?(如果)公西赤只能为诸侯做小事,那谁能为诸侯做大事呢?"

【资料与背景】

一、作家作品

孔子(前551—前479年),名丘,字仲尼,春秋末期鲁国人,思想家、政治家、教育家,儒家学派创始人。鲁定公时,曾任鲁国大司寇,后来私人办学,周游列国,宣传自己的政治主张,还在晚年整理"六经"(《诗》《书》《礼》《易》《乐》《春秋》)。他所创的儒家学派自汉代以来成为中国两千余年封建思想的正统。

《论语》是一部语录体的散文集,主要记载孔子及其弟子的言行,由孔子的门人和再传弟子记录编纂而成,全面地反映了孔子的哲学、政治、文化和教育思想,是关于儒家思想的重要著作。宋儒把《论语》《大学》《中庸》和《孟子》合称为"四书"。《论语》共20篇,每篇又分若干章,不相连属;言简意丰,含蓄凝练,包含了孔子渊博的学识和丰富的生活经验;在记言的同时,传达了人物的神情态度;在某些章节的记述中,还生动地反映了人物的性格特点;其中有不少精辟的言论成为人们习用的格言和成语,对后来的文学语言有很大影响。

二、背景纵览

纵观孔子的一生,应该说积极救世是其思想的主导方面。他为推行自己的政治主张周游列国,"发愤忘食,乐以忘忧,不知老之将至云尔"(《论语·述而》),他的主张在各国都行不通,他被"斥乎齐,逐乎宋卫,困于陈蔡之间"(《史记·孔子世家》),却"知其不可而为之"(《论语·宪问》)。但由于到处碰壁,孔子有时也流露出消极情绪,特别是他晚年回鲁国后恬退避世的思想很突出。本课中所记之事当在孔子晚年。因为四弟子中公西华最年幼,比孔子小42岁(据刘宝楠《论语正义》),孔子去鲁适卫时56岁(据《史记·孔子世家》),时公西华年仅14岁,大概不可能随孔子出国;又公西华是鲁国人(据《辞海》),也不可能在孔子周游列国时投师孔子,所以公西华成为孔子弟子当在孔子返鲁后,即在孔子65岁以后。

【内容与特色】

一、内容简析

本文选自《论语·先进》,标题为后人所加。文章记叙孔子师生在一起谈论各人政治抱负的情景。表现了他们的思想、志向和不同性格,反映了儒家"足食足兵""先富后教""礼乐治国"的政治思想及孔子循循善诱、因材施教的教育方法。

文章可以分为三个部分。

第一部分(第1自然段),孔子向学生问志。

第二部分(第2—12自然段),写学生分别述志。

第三部分(第13—16自然段),孔子进行评志。

二、写作特色

1. 本文的突出特色是能扣紧每个人的性格特点来记述,五个人的发言都合乎各自的个性、身份、志趣、教养,显得深刻而生动。

2. 全篇以"言志"为中心组织材料,问志、述志、评志,思路清晰,极有层次,不枝不蔓,文意明晰,表现力较强。

3. 成功地运用对话和人物动作来塑造人物形象。孔子师生间的对话,将人物的心情语态和精神气质都传神地表现出来,写得简练含蓄,生动感人。

【字词与句式】

一、字音

论(lún)语　　冉(rǎn)有　　曾皙(xī)　　毋(wú)

侍(shì)坐　　千乘(shèng)　　莫(mù)春　　铿(kēng)尔

撰(zhuàn)　　摄(shè)　　比(bì)及　　哂之(shěn)

小相(xiàng)　　冠(guàn)者　　鼓瑟(sè)　　舞雩(yú)

浴乎沂(yí)　　俟(sì)　　喟(kuì)然　　饥馑(jǐn)

率(shuài)尔

二、字义

(1)居：闲居，指平时在家的时候。

(2)率尔：轻率急忙的样子。

(3)千乘之国：有一千辆兵车的诸侯国。在春秋后期，这算中等国家。

(4)加之以师旅：加，加到……上。师旅，指侵略的军队，也指战争。

(5)因之以饥馑：因，接着。"饥馑"在这里泛指荒年。五谷不熟叫"饥"，蔬菜不熟叫"馑"。

(6)比及：等到。

(7)哂：笑。

(8)俟：等待。

(9)宗庙之事：指诸侯祭祀祖先的事情。

(10)如会同：或者诸侯会盟，共同朝见天子。会，诸侯会盟。同，诸侯共同朝见天子。

(11)舍瑟而作：舍，放下，离开。作，起身。

(12)撰：才能，指为政的才能。

(13)何伤：何妨。意思是有什么关系。

(14)莫春者：莫，音义同"暮"。者，语气助词。

(15)春服既成：既，副词，已经。成，定。

(16)冠者：指成年人。古时男子20岁行冠礼，表示已成人。

(17)喟然：长叹的样子。喟，叹息声。

(18)其言不让：谦让。

(19)唯求则非邦也与：句首语气词，无义。

三、文言现象

1.通假字

(1)鼓瑟希，铿尔（"希"通"稀"，稀疏）

(2)莫春者，春服既成（"莫"通"暮"。暮春，阴历三月）

(3)唯求则非邦也与("与"通"欤",表示反问的语气词)

2. 一词多义

如:
(1)如或知尔,则何以哉(如果)
(2)如其礼乐,以俟君子(至于)
(3)宗庙之事,如会同(或者)
(4)方六七十,如五六十(或者)

方:
(1)方六七十,如五六十(纵横,方圆)
(2)可使有勇,且知方也(是非准则)

尔:
(1)子路率尔而对曰(助词,相当于"然","……的样子")
(2)尔何如(代词,你)
(3)鼓瑟希,铿尔(助词,表状态,放在拟声后,相当于"然")
(4)以吾一日长乎尔(代词,你们)

与:
(1)夫子喟然曰:吾与点也（动词,赞成）
(2)唯求则非邦也与(语气助词,表反问,相当于"吗")

乎:
(1)以吾一日长乎尔(介词,比)
(2)摄乎大国之间(介词,在)
(3)异乎三子者之撰（连词,和、跟）
(4)浴乎沂,风乎舞雩(介词,在)

以:
(1)以吾一日长乎尔,毋吾以也(第一个"以"是介词,因为;第二个"以"是动词,认为)
(2)加之以师旅(介词,用)
(3)如或知尔,则何以哉？(介词,做)
(4)以俟君子(连词,来)

3. 古今异义词
(1)宗庙之事,如会同,端章甫,愿为小相焉(古义:会,诸侯会盟;同,诸侯共同朝见天子。今义:跟有关方面会合起来办事)
(2)加之以师旅,因之以饥馑(古义:两千五百人为一师,五百人为一旅,泛指侵略的军队或战争。今义:军队的编制单位,无泛指意义)
(3)冠者五六人,童子六七人(古义:指少年,不到20岁的男子。今义:指男孩子)

4. 词类活用

（1）名词用作动词

宗庙之事,如会同,端章甫(端,古代用整幅布做礼服。此处用作动词,穿着礼服。章甫:古代用布做的礼帽,此处用作动词,戴着礼帽)

浴乎沂,风乎舞雩(吹风,乘凉)

鼓瑟希,铿尔(弹奏)

三子者出,曾晳后(落在后面)

（2）动词用作名词

异乎三子者之撰(才能,指为政才能)

（3）形容词用作名词

赤也为之小,孰能为之大?（小,小事,指做小相;大,大事,指治国为政）

比及三年,可使有勇(勇气)

（4）形容词使动用法

比及三年,可使足民(使……富足)

5. 特殊句式

（1）倒装句

①宾语前置

毋吾以也——即"毋以吾也",不要认为我这样(有多了不起,就不敢说话)了。（否定句中代词作宾语）

不吾知也——即"不知吾也",不了解我们。（否定句中代词作宾语）

则何以哉——即"则以何哉",你们打算做点什么呢?（疑问句中代词作宾语）

夫三子者之言何如——即"夫三子者之言如何",那三位的话怎样?（疑问句中代词作宾语）

②定语后置

冠者五六人,童子六七人——即"五六人冠者,六七人童子",五六位成年人,六七个青少年。

③介词结构后置

加之以师旅——即"以师旅加之",有别国军队来侵略它。

浴乎沂——即"乎沂浴",在沂水中洗澡。

为国以礼——即"以礼为国",用礼让来治国。

【重点与难点】

一、单项选择题

1. 下列加点字解释有误的一项是(　　)。

A. 居则曰(闲居,指平时在家的时候)　　率尔(助词,意思是"……的样子")

B. 比及三年(到)　　如五六十(或者)

C. 有勇知方(方法)　　如其礼乐(至于)

D. 舍瑟而作(放下)　　吾与点也(赞成)

2. 下列各句加字古今意义相同的一项是(　　)。

A. 宗庙之事,如会同,端章甫,愿为小相焉。

B. 加之以师旅,因之以饥馑。

C. 冠者五六人,童子六七人。

D. 如其礼乐,以俟君子。

3. 下列各句中没有词类活用的是(　　)。

A. 浴乎沂,风乎舞雩。

B. 异乎三子者之撰。

C. 鼓瑟希,铿尔。

D. 亦各言其志也。

二、阅读

4. 解释下列加点的词语。

(1)方六七十,如五六十。

(2)赤也为之小,孰能为之大?

5. "居则曰:'不吾知也。'"是什么句式?

6. 用现代汉语翻译下列句子。

(1)宗庙之事,如会同,端章甫,愿为小相焉。

(2)千乘之国,摄乎大国之间,加之以师旅,因之以饥馑。

7. 请分别概括孔子及其四位弟子的性格特点。

_____

_____

_____

_____

【阅读与拓展】

论语十二则

子曰:"学而时习之,不亦说乎?有朋自远方来,不亦乐乎?人不知而不愠,不亦君子乎?"(《学而》)

译　文:

孔子说:"学了之后然后经常去温习它,不也高兴吗?有志同道合的人从远方来,不也是很令人快乐的吗?别人不了解我而不恼怒、怨恨,不也是君子吗?"

子曰:"君子食无求饱,居无求安,敏于事而慎于言,就有道而正焉,可谓好学也已。"(《学而》)

译　文:

孔子说:"君子吃不追求饱足,住不追求安逸,做事勤敏、言谈谨慎,接近有道德的人并用以改正自己的错误,这样就可以叫作好学了。"

子曰:"温故而知新,可以为师矣。"(《为政》)

译　文:

孔子说:"复习(温习、巩固)旧的知识,(并且)能够从中得到新的体会。凭借这一点(就)可以做老师了。"

子曰:"学而不思则罔,思而不学则殆。"(《为政》)

译　文:

孔子说:"学习而不知道思考,就会被知识表象迷惑;只空想而不学习是危险的。"

子曰:"由,诲汝知之乎!知之为知之,不知为不知,是知也。"(《为政》)

译　文:

孔子说:"仲由,教诲给你怎样求知吧!知道的就是知道的,不知道的就是不知道的,这种态度是明智的。"

子曰:"《关雎》乐而不淫,哀而不伤。"(《八佾》)

译　文:

孔子说:"《关雎》这首诗(主题)快乐却不过分,忧愁却不悲伤。"

子曰:"见贤思齐焉,见不贤而内自省也。"(《里仁》)

译　文：

孔子说："看见有德行或才干的人就要想着向他学习,看见没有德行的人,自己的内心就要反省(是否有和他一样的毛病)。"

子曰："默而识之,学而不厌,诲人不倦,何有于我哉?"(《述而》)

译　文：

孔子说："默默地记住所学的知识,学习不觉得满足,教诲别人而不辞劳累,对我来说,哪一样做到了呢?"

子曰："不愤不启,不悱不发,举一隅不以三隅反,则不复也。"(《述而》)

译　文：

孔子说："不到学生努力想弄明白问题但仍然想不通的程度时,先不要去开导他;不到学生心里想讲却又不能完善表达出来的程度时,也不要去启发他。如果他不能举一反三,就不要再往下进行了。"

子曰："三人行,必有我师焉。择其善者而从之,其不善者而改之。"(《述而》)

译　文：

孔子说："几个人在一起走,其中一定有可做我的老师的。选择他们好的地方去学习,看见他们的缺点(自己的内心就要反省是否有一样的错误,若有,)就改正。"

子曰："诵《诗》三百,授之以政,不达;使于四方,不能专对;虽多,亦奚以为?"(《子路》)

译　文：

孔子说："把《诗》三百篇背得很熟,把政治任务交给他,却办不成;派他出使外国,不能独立地做主应对;即使书读得很多,又有什么用呢?"

子曰："当仁,不让于师。"(《卫灵公》)

译　文：

孔子说："面临实行仁德的时候,即使是对老师也不必谦让。"

02. 鸿门宴

司马迁

【原文与译文】

1

沛公军霸上,未得与项羽相见。

沛公的军队驻扎在霸上,没有能跟项羽相见。

沛公左司马曹无伤使人言于项羽曰:"沛公欲王关中,使子婴为相,珍宝尽有之。"

刘邦的左司马曹无伤派人去告诉项羽说:"刘邦想在关中称王,让秦王子婴做(他的)国相,珍奇宝物都占为己有了。"

项羽大怒曰:"旦日飨士卒,为击破沛公军!"

项羽(听了)大为愤怒,说:"明天早晨犒劳士兵,给我打败刘邦的军队。"

当是时,项羽兵四十万,在新丰鸿门;沛公兵十万,在霸上。

这时候,项羽的军队有四十万人,驻扎在新丰县鸿门;刘邦的军队有十万人,驻扎在霸上。

范增说项羽曰:"沛公居山东时,贪于财货,好美姬。今入关,财物无所取,妇女无所幸,此其志不在小。

范增劝告项羽说:"刘邦在山东时,贪图财物,爱好美女。现在进入关中,财物一点都不要,美女一个也不亲近,这(表明)他的志向不小。

吾令人望其气,皆为龙虎,成五彩,此天子气也。急击勿失!"

我叫人去看过他那里的云气,都是龙虎形状,成为五彩的颜色,这是天子的云气啊。(你)赶快攻打(他),不要错失良机!"

2

楚左尹项伯者,项羽季父也,素善留侯张良。

楚国的左尹项伯,是项羽的叔父,一向和留侯张良友好。

张良是时从沛公,项伯乃夜驰之沛公军,私见张良,具告以事,欲呼张良与俱去,曰:"毋从俱死也。"

张良这时候跟随着刘邦,于是项伯就连夜骑马赶到刘邦军中,私下会见了张良,把事情详细地告诉(张良),想叫张良和他一起离开(刘邦),说:"不要和刘邦一块儿送死啊。"

张良曰:"臣为韩王送沛公,沛公今事有急,亡去不义,不可不语。"

张良说:"我替韩王护送沛公(入关),沛公现在有危机,(我)逃走就太不讲道义了,(我)不能不告诉(他)。"

良乃入,具告沛公。沛公大惊,曰:"为之奈何?"

张良就进入军帐,(把情况)全部告诉刘邦。刘邦大吃一惊,说:"怎样应付这件事呢?"

张良曰:"谁为大王为此计者?"

张良说:"谁替大王献出(派兵守关)这个计策的?"

曰:"鲰生说我曰:'距关,毋内诸侯,秦地可尽王也。'故听之。"

(刘邦)回答说:"浅陋无知的小人劝我说:'把守住函谷关,不要让诸侯进来,你就可以占据整个秦地而称王了。'所以(我)听信了他的话。"

良曰:"料大王士卒足以当项王乎?"沛公默然,曰:"固不如也。且为之奈何?"

张良说:"估计大王的军队能够抵挡住项王的军队吗?"刘邦沉默(一会儿)说:"当然不如人家。那怎么办呢?"

张良曰:"请往谓项伯,言沛公不敢背项王也。"

张良说:"请(让我)去告诉项伯,说沛公不敢背叛项王。"

沛公曰："君安与项伯有故？"

刘邦说："你怎么和项伯有交情的？"

张良曰："秦时与臣游，项伯杀人，臣活之；今事有急，故幸来告良。"

张良说："在秦朝的时候，项伯和我就有交往，项伯杀了人，我使他免了死罪；现在有了紧急的情况，所以幸亏他来告诉我。"

沛公曰："孰与君少长？"良曰："长于臣。"

刘邦说："他和你的年龄，谁小谁大？"张良说："他比我大。"

沛公曰："君为我呼入，吾得兄事之。"张良出，要项伯。

刘邦说："你替我（把他）请进来，我得用对待兄长的礼节侍奉他。"张良出去，邀请项伯。

项伯即入见沛公。

项伯就进来见刘邦。

沛公奉卮酒为寿，约为婚姻，

刘邦就奉上一杯酒为项伯祝福，(并)定下了儿女婚姻，

曰："吾入关，秋豪不敢有所近，籍吏民，封府库，而待将军。所以遣将守关者，备他盗之出入与非常也。日夜望将军至，岂敢反乎！愿伯具言臣之不敢倍德也。"

刘邦说："我进驻函谷关以后，极小的财物都不敢据为己有，登记官民的户口，封闭了（收藏财物的）府库，等待将军（的到来）。派遣官兵去把守函谷关的原因，是为了防备其他盗贼的进出和意外变故。（我们）日日夜夜盼望着将军的到来，怎么敢反叛呢！希望你（对项王）详细地说明，我是绝不敢忘恩负义的。"

项伯许诺，谓沛公曰："旦日不可不蚤自来谢项王。"沛公曰："诺。"

项伯答应了，跟刘邦说："明天你可千万要早些来亲自向项王谢罪。"刘邦说："好。"

于是项伯复夜去，至军中，具以沛公言报项王。

于是项伯又连夜离开,回到(项羽)军营里,详细地把刘邦的话报告项王。

因言曰:"沛公不先破关中,公岂敢入乎?今人有大功而击之,不义也。不如因善遇之。"

趁机说:"刘邦不先攻破关中,您怎么敢进来呢?现在人家有大功(你)却要打人家,这是不符合道义的。不如就趁机好好地对待他。"

项王许诺。

项王答应了。

3

沛公旦日从百余骑来见项王,至鸿门,谢曰:"臣与将军戮力而攻秦,将军战河北,臣战河南,然不自意能先入关破秦,得复见将军于此。今者有小人之言,令将军与臣有郤。"

第二天早晨刘邦带领一百多名侍从来见项羽,到达鸿门,谢罪说:"我和将军合力攻打秦国,将军在黄河以北作战,我在黄河以南作战,然而没有料想到我能够先入关攻破秦国,能够在这里再看到将军您。现在有小人说了什么坏话,使将军和我有了隔阂。"

项王曰:"此沛公左司马曹无伤言之;不然,籍何以至此?"

项羽说:"这是你左司马曹无伤说的。不然的话,我怎么会这样呢?"

项王即日因留沛公与饮。

项羽当天就让刘邦留下一起喝酒。

项王、项伯东向坐,亚父南向坐。亚父者,范增也。沛公北向坐,张良西向侍。

项羽、项伯面向东坐;亚父面向南坐。亚父就是范增。刘邦面向北坐,张良面向西陪侍着。

范增数目项王,举所佩玉玦以示之者三,项王默然不应。

范增多次向项羽使眼色,再三举起(他)所佩带的玉玦暗示项羽,项羽沉默着没有反应。

范增起,出,召项庄,谓曰:"君王为人不忍。若入前为寿,寿毕,请以剑舞,因击沛公于坐,杀之。不者,若属皆且为所虏。"

范增站起来,出去召来项庄,对项庄说:"君王的为人心肠太软,你进去上前敬酒祝寿,敬酒祝寿完了,请求舞剑助兴,趁机把刘邦杀死在座位上。不然的话,你们这帮人都将被他俘虏!"

　　庄则入为寿。寿毕,曰:"君王与沛公饮,军中无以为乐,请以剑舞。"

　　项庄就进去敬酒。敬酒完了,对项王说:"君王和沛公饮酒,军营里没有什么可以用来娱乐,请让我舞剑助兴吧。"

　　项王曰:"诺。"项庄拔剑起舞。项伯亦拔剑起舞,常以身翼蔽沛公,庄不得击。

　　项羽说:"好。"项庄就拔出剑舞起来。项伯也拔出剑舞起来,并常常用自己的身体像鸟张开翅膀一样掩护刘邦,项庄(最终)得不到(机会)刺杀(刘邦)。

　　于是张良至军门见樊哙。

　　于是张良到军门外去见樊哙。

　　樊哙曰:"今日之事何如?"

　　樊哙说:"今天的事情怎样?"

　　良曰:"甚急!今者项庄拔剑舞,其意常在沛公也。"

　　张良说:"非常危急!现在项庄拔剑起舞,他一直在打沛公的主意呀!"

　　哙曰:"此迫矣!臣请入,与之同命。"

　　樊哙说:"这太紧迫了!请让我进去,和他们拼命。"

　　哙即带剑拥盾入军门。

　　樊哙就带着剑拿着盾牌进入军门。

　　交戟之卫士欲止不内,樊哙侧其盾以撞,卫士仆地,哙遂入,披帷西向立,瞋目视项王,头发上指,目眦尽裂。

　　拿戟交叉着守卫军门的士兵想要阻止不让他进去。樊哙侧举盾牌一撞,卫士们跌倒在地上。樊哙就闯进去了,揭开帷帐面向西站立,瞪眼怒视着项羽,头发向上竖起来,眼眶都要裂开了。

项王按剑而跽曰:"客何为者?"张良曰:"沛公之参乘樊哙者也。"

项羽手握剑柄跪直身子说:"(这位)客人是干什么的?"张良说:"他是沛公的卫士樊哙。"

项王曰:"壮士,赐之卮酒。"则与斗卮酒。

项羽说:"真是位壮士!——赏他一杯酒。"(左右的人)就给他一大杯酒。

哙拜谢,起,立而饮之。

樊哙拜谢,起身,站着(一口气)把酒喝了。

项王曰:"赐之彘肩。"则与一生彘肩。

项羽说:"赏给他一只猪腿。"(左右的人)就给了他一只生猪腿。

樊哙覆其盾于地,加彘肩上,拔剑切而啖之。

樊哙把盾牌反扣在地上,把猪腿放在盾牌上,拔出剑切着吃起来。

项王曰:"壮士!能复饮乎?"

项羽说:"好一位壮士!能再喝吗?"

樊哙曰:"臣死且不避,卮酒安足辞!

樊哙说:"我死尚且不怕,一杯酒又哪里值得推辞!

夫秦王有虎狼之心,杀人如不能举,刑人如恐不胜,天下皆叛之。

秦王有像虎狼一样凶狠的心肠,杀人好像唯恐不能杀尽,处罚人好像唯恐不能用尽酷刑,(因此)天下老百姓都背叛了他。

怀王与诸将约曰:'先破秦入咸阳者王之。'今沛公先破秦入咸阳,毫毛不敢有所近,封闭宫室,还军霸上,以待大王来。

怀王曾经和诸将领约定:'先打败秦军进入咸阳的,让他在关中为王。'现在沛公先打败秦军进入咸阳,一丝一毫都不敢占有动用,封闭了秦王宫室,退军驻扎在霸上,以等待大王到来。

故遣将守关者,备他盗出入与非常也。

特意派遣将士把守函谷关,是为了防备其他盗贼的出入和发生意外的变故。

劳苦而功高如此,未有封侯之赏,而听细说,欲诛有功之人。

沛公这样劳苦功高,没有得到封侯的赏赐,您反而听信小人的谗言,要杀有功劳的人,

此亡秦之续耳,窃为大王不取也。"

这只能是走秦朝灭亡的老路!我自己认为大王不应该采取这样的做法。"

项王未有以应,曰:"坐。"樊哙从良坐。

项羽没有回答,只是说:"坐吧。"樊哙挨着张良坐下。

坐须臾,沛公起如厕,因招樊哙出。

坐了一会儿,刘邦起身上厕所,乘机招呼樊哙(一道)出去。

4

沛公已出,项王使都尉陈平召沛公。

刘邦已经出去,项羽派都尉陈平去召唤刘邦(回来)。

沛公曰:"今者出,未辞也,为之奈何?"

刘邦(对樊哙)说:"刚才出来没有向项王告辞,这怎么办呢?"

樊哙曰:"大行不顾细谨,大礼不辞小让。如今人方为刀俎,我为鱼肉,何辞为?"于是遂去。

樊哙说:"要成大事业就不必顾虑细枝末节,要想讲大礼就不必计较小的责备。现在人家正像菜刀和砧板,我们是鱼和肉,还告辞干什么呢?"于是一行人就走了。

乃令张良留谢。良问曰:"大王来何操?"

(刘邦)就叫张良留下(向项羽)辞别。张良问道:"大王来时带些什么(礼物)?"

曰:"我持白璧一双,欲献项王,玉斗一双,欲与亚父。会其怒,不敢献。公为我献之。"

(刘邦)说:"我带来一对白玉璧,准备献给项王,一对玉酒杯,要送给范增。正赶上他们发怒,不敢献上去,你替我献上吧。"

张良曰:"谨诺。"当是时,项王军在鸿门下,沛公军在霸上,相去四十里。

张良说:"遵命。"在这个时候,项羽的军队驻扎在鸿门一带,刘邦的军队驻扎在霸上,相隔四十里。

沛公则置车骑,脱身独骑,与樊哙、夏侯婴、靳强、纪信等四人持剑盾步走,从郦山下,道芷阳间行。

刘邦留下了车辆、随从人马,独自骑马脱身,樊哙、夏侯婴、靳强、纪信等四人持剑拿盾,跟在后面徒步奔跑,顺着骊山脚下,取道芷阳,抄小路而行。

沛公谓张良曰:"从此道至吾军,不过二十里耳。度我至军中,公乃入。"

刘邦(临行前)对张良说:"从这条路到我军营,不过二十里罢了。估计我们到了军营,你再进去(见项王)。"

沛公已去,间至军中。

刘邦离去后,(估计)抄小道(已经)回到军中。

张良入谢,曰:"沛公不胜桮杓,不能辞。谨使臣良奉白璧一双,再拜献大王足下,玉斗一双,再拜奉大将军足下。"

张良进去致歉,说道:"沛公禁受不起酒力,不能(前来)跟大王告辞。谨叫臣下张良我奉上玉璧一对,恭敬地献给大王足下;玉斗一对,恭敬地献给大将军范增足下。"

项王曰:"沛公安在?"

项羽说:"沛公在哪里?"

良曰:"闻大王有意督过之,脱身独去,已至军矣。"

张良说:"听说大王有意责备他,他脱身独自离开(鸿门),已经回到了军中。"

项王则受璧,置之坐上。

项羽就接受了玉璧,放到座位上。

亚父受玉斗,置之地,拔剑撞而破之,曰:"唉!竖子不足与谋。夺项王天下者必沛公也。吾属今为之虏矣!"

亚父范增接过玉斗,扔在地上,拔出剑击碎了它,说:"唉!这帮无用之徒不值得和他们共谋大业!夺走项王天下的一定是沛公了。我们这些人就要被他俘虏了!"

沛公至军,立诛杀曹无伤。

刘邦回到军营,立即杀掉曹无伤。

【资料与背景】

一、作家作品

司马迁(约前145—约前90年),字子长,西汉夏阳(现在陕西韩城)人,著名史学家、文学家、思想家,承袭父职任太史令。因替投降匈奴的李陵辩护,入狱遭宫刑。出狱后任中书令(掌管皇帝机要文件),发愤著书,历尽艰辛,大约在公元前91年前后完成《史记》,被后世尊称为史迁、太史公、历史之父。

《史记》是我国第一部纪传体通史,是二十四史书之首,全书分12本纪,10表,8书,30世家,70列传,共130篇,五十二万余字,记载了中国从传说中的黄帝到汉武帝约长达3000余年间的历史。本纪记帝王,世家述诸侯,列传叙人臣,书记礼、乐、音律、历法、天文、封禅、水利、财用,表是大事年表。《史记》是中国传记文学的典范。《史记》最初没有书名,世人称之"太史公书""太史公传""太史公记",省称"太史公"。"史记"本是古代史书的通称,从三国时期开始,"史记"由史书的通称逐渐演变成"太史公书"的专称。《史记》与《汉书》(班固)、《后汉书》(范晔、司马彪)、《三国志》(陈寿)合称"前四史"。刘向等人认为此书"善序事理,辩而不华,质而不俚"。《史记》与宋代司马光编撰的《资治通鉴》并称"史学双璧"。鲁迅称它为"史家之绝唱,无韵之《离骚》"。

二、背景纵览

前206年10月,刘邦入关,降秦王子婴,还军霸上;11月项羽破关而入,刘、项在鸿门会面,双方斗争开始。次年春,项羽以盟主身份召开戏西(今陕西临潼东)之会,封18人为诸侯王,本人为西楚霸王,都彭城(今江苏徐州),刘邦为汉王,都南郑(今陕西省南境)。

刘邦到南郑后,积极准备反攻,先夺取关中三秦之地作为根据地,然后出兵东向,进攻项羽,曾多次被项羽打败,到前203年秋,得到韩信的帮助,才形成足以跟项羽抗衡的力量。项羽乃与刘邦约定:"中分天下,割鸿沟以西为汉,以东为楚。"定约后,项羽东归,刘邦也准备西归。这时张良、陈平向刘邦提出建议,趁此时机消灭项羽。后在韩信、彭越帮助下,围项羽于垓下(今安徽灵璧南)。项羽突围,至乌江(今安徽和县东北)自刎。

《鸿门宴》写的是刘邦和项羽的斗争。故事开始时,项羽拥兵40万,而刘邦只有10万。从"鸿门宴"的情节,读者已经能清楚地预见到将来刘邦胜项羽的结局了。项羽由主动步步转化为被动,而刘邦却是一步一步地由被动转为主动。秦始皇游会稽,渡浙江,项梁与项籍(项羽)俱观。籍曰:"彼可取而代也。"梁掩其口,曰:"毋妄言,族矣!"梁以此奇籍。高祖常繇(常,通"尝",曾经;繇,通"徭",服徭役)咸阳,纵观秦皇帝,喟然太息曰:"嗟乎!大丈夫当如此也!"项羽直率粗犷与刘邦城府很深判若分明。

"鸿门宴"这个故事发生在陈胜起义后的第四年(公元前206年)。陈胜起义后,各地云起响应,其中有楚国贵族出身的项梁、项羽叔侄,有农民出身的刘邦。陈胜失败后,项梁扶楚怀王的孙子名叫心的作了楚王,刘邦也投靠了项梁。公元前207年,项梁战死,怀王派项羽等去救援被秦军围困的赵国,同时派刘邦领兵攻打函谷关。临行时,怀王与诸将约定,谁先入关,便封为关中王。项羽在钜鹿(今在河北)大败秦军,消灭了秦军的主力。同时,刘邦从黄河以南打进武关,攻下咸阳,秦王子婴投降。刘邦与当地父老约法三章:"杀人者死,伤人及盗抵罪。"废除秦苛法,准备在关中称王。后来在谋士劝说下,退出咸阳,还军霸上,派兵把守函谷关,以防诸侯军入境。

项羽大破秦军后,听说刘邦已出咸阳,非常恼火,就攻破函谷关,直抵新丰鸿门。这时刘邦的左司马曹无伤暗中派人告诉项羽说刘邦想在关中称王。项羽听了,更加恼怒,决定第二天发兵攻打刘邦。刘邦面临危急的情况,在纷纭频仍的战斗中,产生了这一次酒宴上的斗争。

【内容与特色】

一、内容简析

本文选自《史记》,标题为编者所加。文章以鸿门宴为中心,以杀不杀刘邦为线索,按时间顺序展开情节。文章叙述了推翻秦王朝后项羽、刘邦为争夺农民起义军胜利果实展开的一场惊心动魄、尖锐复杂的政治斗争,情节波澜起伏、张弛有度,生动地刻画了项羽和刘邦等不同性格的人物形象。

文章可以分为三个部分。

第一部分(第1—2自然段),交代鸿门宴的缘起。

第二部分(第3自然段),写鸿门宴上的斗争。

第三部分(第4自然段),述会后余事,包括刘邦逃席、间道军中,张良留谢,项王受璧而范增破斗,刘邦诛杀曹无伤等情节。

二、写作特色

1. 在矛盾斗争中刻画人物。

2. 运用对照手法烘托人物形象。

3. 语言精练生动、绘声绘色。

三、人物分析

人物结构:两峰并峙,双水分流。

项羽集团:项羽、范增、项伯、项庄

刘邦集团:刘邦、张良、樊哙、曹无伤

1. 项羽:唯我独尊、光明磊落、宽宏大量、直率鲁莽、沽名钓誉、轻敌自大、寡谋轻信、优柔寡断、眼见不远、不善用人。

2. 刘邦:虚心请教、多谋奸诈、能言善辩、头脑清醒、善于应变、虑事周到、善于用人、果断干练。

3. 范增:老谋深算、洞察敏锐、骄横浮躁。

4. 张良:多谋善断、遇事不惊、处事有方、沉稳机智。

5. 项伯:办事周密而有谋略。

6. 曹无伤:鲁莽、草率。

7. 项庄:有勇无谋、办事被动。

8. 樊哙:有勇有谋、粗中有细、主动请战、义正词严。

【字词与句式】

一、字音

欲王(wàng)关中	说(shuì)项羽	鲰(zōu)生
数(shuò)目	飨(xiǎng)	卮(zhī)
戮(lù)力	玦(jué)	瞋(chēn)目
目眦(zì)	参(cān)乘(shèng)	跽(jì)
彘(zhì)肩	啖(dàn)	俎(zǔ)
间(jiàn)行	好(hào)美姬(jī)	郤(xì)
桮杓(bēi sháo)	哙(kuài)	靳(jìn)疆
纪(jǐ)信	戟(jǐ)	芷(zhǐ)
不可不语(yù)	奉(fèng)卮酒为(wèi)寿	何辞为(wéi)

足以当(dāng)项王　　　沛公则置车骑(jì)　　　脱身独骑(qí)

二、字义

(1)玉玦:玦,半环形玉佩。"玦"与"决"同音,范增用玦示意项羽要下决心杀刘邦。

(2)飨:用酒食款待,这里是犒(kào)劳的意思。

(3)鲰生:浅陋的小人。比喻小人。鲰,小鱼,杂鱼。

(4)说我曰:说,"shuì",劝告,劝诫。

(5)戮力:并力、合力。

(6)瞋目:睁大眼睛,怒目而视。

(7)眦:眼眶。

(8)跽:挺直上身,两腿跪着。

(9)彘肩:猪的前腿。

(10)俎:切肉用的砧板。

(11)杯杓:酒杯和勺子。这里代指饮酒。

(12)督过:责备。

(13)竖子:小子。

三、文言现象

1.通假字

(1)距关,毋内诸侯("距"通"拒",把守;内通"纳",准予入内。)

(2)旦日不可不蚤自来谢项王("蚤"通"早",早早地)

(3)愿伯具言臣之不敢倍德也("倍"通"背",违背)

(4)具告以事("具"通"俱",全部)

(5)令将军与臣有郤("郤"通"隙",隔阂,嫌隙)

(6)吾入关,秋豪不敢有所近("豪"通"毫",毫毛)

(7)张良出,要项伯("要"通"邀",邀请)

(8)因击沛公于坐("坐"通"座",座位)

(9)拔剑切而啗之("啗"通"啖",吃)

(10)沛公不胜杯杓("杯杓"通"杯勺",饮酒器,代指饮酒)

(11)皆为龙虎,成五采("采"通"彩",色彩)

(12)不者,若属皆且为所虏("不"通"否")

(13)沛公之参乘樊哙者也("参"通"骖")

2.一词多义

击:

(1)急击勿失(动词,攻击,攻打)

(2)因击沛公于坐(动词,杀)

(3)秦王不肯击缶(动词,敲打,敲击)

(4)相如持其璧睨柱,欲以击柱(动词,碰撞)

谢:

(1)旦日不可不蚤自来谢项王(动词,道歉、谢罪)

(2)乃令张良留谢(动词,辞别)

(3)哙拜谢,起,立而饮之(动词,感谢)

坐:

(1)项王、项伯东向坐(动词,坐下)

(2)因击沛公于坐(坐,通"座",名词,座位)

(3)坐北朝南(动词,坐落,指位置所在)

(4)停车坐爱枫林晚(连词,因为)

胜:

(1)沛公不胜杯杓(动词,禁得住)

(2)刑人如恐不胜(副词,尽)

(3)予观夫巴陵胜状,在洞庭一湖(形容词,优美的)

(4)此时无声胜有声(动词,胜过、超过)

为:

(1)客何为者(wéi,做,干,动词)

(2)使子婴为相,珍宝尽有之 (wéi,做,干,动词)

(3)窃为大王不取也(wéi,认为,动词)

(4)为击破沛公军(wèi,替、给,介词)

(5)我为鱼肉(wéi,是,动词)

(6)吾属今为之虏矣(wèi,被,介词)

(7)何辞为(wéi,句末语气词,表反问,可译为"呢")

(8)沛公奉卮酒为寿,约为婚姻(第一个"为",wéi,祝,动词;第二个"为",wéi,动词,成为)

(9)军中无以为乐(wéi,动词,作为)

(10)且为之奈何(wèi,对,动词)

(11)吾令人望其气,皆为龙虎(wéi,是,动词)

(12)君为我呼入(wèi,替,介词)

(13)谁为大王为此计者(第一个"为",wèi,给,介词;第二个"为",wéi,做,动词)

因:

(1)因言曰(趁机)

(2)不如因善遇之(趁机,趁着)

(3)因击沛公于坐(趁机)

(4)项王即日因留沛公与饮(于是、就)

以:

(1)具告以事(介词,把)

(2)籍何以至此(介词,凭)

(3)举所佩玉玦以示之者三(介词,拿)

(4)还军霸上,以待项王(连词,表目的,来)

(5)项王未有以应(连词,用来)

(6)樊哙侧其盾以撞(连词,相当于"而",表承接)

且:

(1)臣死且不避,卮酒安足辞(副词,尚且)

(2)若属皆且为所虏(副词,将要)

(3)且为之奈何(副词,将要)

于:

(1)长于臣(介词,比)

(2)沛公左司马曹无伤使人言于项羽曰(介词,对,向)

(3)樊哙覆其盾于地(介词,在)

(4)贪于财货(介词,引出对象)

然:

(1)然不自意(然而,连词)

(2)不然(这样,代词)

(3)项王默然不应(……的样子,形容词的词尾)

之:

(1)珍宝尽有之(助词,衬字,无实际意义)

(2)为之奈何(代词,指这件事)

(3)吾得兄事之(代词,指他)

(4)项伯乃夜驰之沛公军(到)

(5)与之同命(代词,指沛公)

(6)沛公之参乘樊哙者也(结构助词,的)

(7)先破秦入咸阳者王之(代词,指关中)

(8)备他盗之出入与非常也(助词,主谓之间取消句子独立性)

如:

(1)杀人如不能举,刑人如恐不胜(动词,好像)

(2)沛公起如厕(往,到……去)

(3)沛公默然,曰:"固不如也。"(比得上)

(4)劳苦而功高如此(动词,像、如同)

3.古今异义词

(1)约为婚姻(古义:儿女亲家。今义:指因结婚而产生的夫妻关系)

(2)所以遣将守关者(古义:……的原因。今义:表因果关系的连词)

(3)备他盗之出入与非常也(古义:意外的变故。今义:很,十分)

(4)将军战河北(古义:黄河以北。今义:河北省)

(5)臣战河南(古义:黄河以南。今义:河南省)

(6)沛公居山东时(古义:指崤山以东地区。今义:山东省)

(7)未有封侯之赏,而听细说(古义:小人的谗言。今义:详细地讲述)

(8)今人有大功而击之(古义:现在别人——指沛公。今义:现在的人,与古人相对)

(9)持剑盾步走(古义:跑。今义:步行)

(10)再拜献大王足下(古义:两次。今义:又一次)

4.词类活用

(1)名词用作状语

项伯乃夜驰之沛公军(名词用作状语,在夜晚)

吾得兄事之(名词用作状语,像对待兄长一样,表示对人的态度)

日夜望将军至(名词用作状语,每日每夜,日日夜夜)

常以身翼蔽沛公(名词用作状语,像鸟张开翅膀一样)

头发上指(名词用作状语,向上)

(2)名词用作动词

道芷阳间行(取道)

沛公军霸上(驻军)

沛公欲王关中(称王)

籍吏民,封府库(登记名册)

范增数目项王(使眼色)

若入前为寿(上前)

(3)形容词用作名词

此其志不在小(小的方面)

(4)形容词用作动词

素善留侯张良(与……交好)

秋毫不敢有所近(接近,接触)

(5)使动用法

项伯杀人,臣活之(使……活下来)

沛公旦日从百余骑来见项王(使……跟随)

交戟之卫士欲止不内(使……止步)

5.特殊句式

(1)倒装句

①宾语前置句

何以至此——即"以何至此",凭什么(生气)到这种程度。(疑问句中代词作宾语)

客何为者——即"客为何者",客人是干什么的。(疑问句中代词作宾语)

大王来何操——即"大王来操何",大王来的时候带了什么东西。(疑问句中代词作宾语)

沛公安在——即"沛公在安",沛公在哪里。(疑问句中代词作宾语)

②介词结构后置句

具告以事——即"以事具告",把(项羽想袭击沛公的)事情详细地告诉了刘邦。

长于臣——即"于臣长",比我年长。

得复见将军于此——即"得于此复见将军",能够在这里再次见到将军。

(2)判断句

吾令人望其气,皆为龙虎,成五采,此天子气也/沛公之参乘樊哙者也/楚左尹项伯者,项羽季父也/亚父者,范增也/夺项王天下者必沛公也/所以遣将守关者,备他盗之出入与非常也——判断句,语气词"也",表判断。

此亡秦之续耳/人方为刀俎,我为鱼肉/今人有大功而击之,不义也/亡去不义。

(3)被动句

若属皆且为所虏——"为"表示"被",你们都将被他俘虏。

吾属今为之虏矣——"为"表示"被",我们都要被他俘虏了。

(4)省略句

为击破沛公军——为(我)打败刘邦的军队。

樊哙覆其盾于地,加彘肩上——把猪腿放在(盾牌)上。

(5)固定结构

财物无所取,妇女无所幸("……无所……,……无所……",意即"……没有被……,……没有被……"其中"无所"还可以换作"有所"。)

孰与君少长("……孰与……",表选择问的句式,可译作"与……比,哪一个……")

(6)成语和名句

秋毫不敢有所近(秋毫无犯)

今者项庄拔剑舞,其意常在沛公也(项庄舞剑,意在沛公)

劳苦而功高如此(劳苦功高)

大行不顾细谨,大礼不辞小让

如今人方为刀俎,我为鱼肉(人为刀俎,我为鱼肉)

【重点与难点】

一、单项选择题

1. 下列加点的字解释有误的一项是（　　）。

A. 旦日飨士卒　（飨，犒劳）

B. 此亡秦之续耳　（续，后继者）

C. 沛公起如厕　（如，如同）

D. 今事有急，故幸来告良　（幸，幸而）

2. 下列各句中加红的词语，古今意义相同的一项是（　　）。

A. 将军战河北，臣战河南

B. 沛公奉卮酒为寿，约为婚姻

C. 备他盗之出入与非常也

D. 从此道至吾军，不过二十里耳

3. 句中加点词与"君为我呼入，吾得兄事之"的"兄"用法相同的一项是（　　）。

A. 素善留侯张良

B. 范增数目项王

C. 人皆得以隶使之

D. 籍吏民，封府库

二、阅读

4. 解释下列加点的词语。

(1) 然不自意能先入关破秦，得复见将军于此。

(2) 此其志不在小。

5. "大王来何操"是什么句式？

6. 用现代汉语翻译下列句子。

(1) 楚左尹项伯者，项羽季父也，素善留侯张良。

(2) 樊哙曰："大行不顾细谨，大礼不辞小让。如今人方为刀俎，我为鱼肉，何辞为？"

7.请用最简练的语言概括这篇文章的各个故事情节和文章线索。

_____
_____
_____
_____

【阅读与拓展】

有关项羽的诗词：

题乌江亭
【杜牧】
胜败兵家事不期,包羞忍耻是男儿。
江东子弟多才俊,卷土重来未可知。

杜牧认为：男儿应当能屈能伸，那样就有可能卷土重来。从"包羞忍耻""卷土重来"分析入手。

题乌江项王庙诗
【王安石】
百战疲劳壮士哀,中原一败势难回。
江东弟子今犹在,肯为君王卷土来？

王安石认为：军民离心，败势难回。根据"壮士哀""势难回""肯与君王卷土来"等可分析出作者的意图。

夏日绝句
【李清照】
生当作人杰,死亦为鬼雄。
至今思项羽,不肯过江东。

李清照认为：项羽气势豪壮，令人敬仰。全诗从开始至结束都洋溢着对英雄的赞美和敬仰。

七律·人民解放军占领南京
【毛泽东】
钟山风雨起苍黄,百万雄师过大江。
虎踞龙盘今胜昔,天翻地覆慨而慷。

宜将剩勇追穷寇，不可沽名学霸王。

天若有情天亦老，人间正道是沧桑。

毛泽东认为：项羽在处理和刘邦的关系上犯了沽名钓誉的错误，最终落得自刎乌江的下场。这里毛泽东引用这段历史事实，意在号召中国共产党人和全军指战员利用占领南京以后的解放战争节节胜利的有利形势，将革命进行到底，彻底消灭蒋家王朝。

03. 师 说

韩 愈

【原文与译文】

1

古之学者必有师。

古代求学的人一定有老师。

师者,所以传道受业解惑也。

老师,是用来传授道理、教授学业、解答疑难问题的。

人非生而知之者,孰能无惑?

人不是一生下来就懂得知识和道理的,谁能没有疑惑?

惑而不从师,其为惑也,终不解矣。

有疑惑而不去向老师学习,这些疑惑的问题,便终究不能解决。

生乎吾前,其闻道也固先乎吾,吾从而师之;生乎吾后,其闻道也亦先乎吾,吾从而师之。

在我之前出生的人,他懂得知识和道理本来就比我早,我跟从他并以他为师;在我之后出生的人,(如果)他懂得知识和道理也比我早,我也跟从他学习并以他为师。

吾师道也,夫庸知其年之先后生于吾乎?

我学习的是知识和道理,哪管他的年龄比我大还是比我小呢?

是故无贵无贱,无长无少,道之所存,师之所存也。

因此,无论地位显贵还是低下,无论年长还是年少,知识和道理存在的地方,就是老师存在的地方。

2

嗟乎!师道之不传也久矣!欲人之无惑也难矣!

唉!从师求学的传统已经失传很久了,想要人们没有疑惑难得很哪!

古之圣人,其出人也远矣,犹且从师而问焉;今之众人,其下圣人也亦远矣,而耻学于师。

古代的圣人,他们超出一般人很远,尚且跟从老师向老师请教;现在的一般人,他们跟圣人比相差很远了,却以向老师学习为耻。

是故圣益圣,愚益愚。圣人之所以为圣,愚人之所以为愚,其皆出于此乎?

所以圣人就更加圣明,愚人就更加愚昧。圣人之所以成为圣人,愚人之所以成为愚人,大概就是出于这个缘故吧?

爱其子,择师而教之;于其身也,则耻师焉,惑矣。

(人们)喜爱自己的孩子,选择老师来教他;但是对于他们自己,却以跟从老师学习为耻,糊涂啊!

彼童子之师,授之书而习其句读者,非吾所谓传其道解其惑者也。

那些教育儿童的老师,教孩子们读书,让他们学习停顿断句的,并非我所说的传授道理、解答疑难问题的老师。

句读之不知,惑之不解,或师焉,或不焉,小学而大遗,吾未见其明也。

不理解断句停顿要向老师学习,不能解决疑惑却不向老师求教,小的方面学习,大的方面却丢弃,我看不出他们是明白事理的。

巫医乐师百工之人,不耻相师。

巫医、乐师及各种工匠,不以互相学习为耻。

士大夫之族,曰师曰弟子云者,则群聚而笑之。

士大夫这类人,听到有人称人家为老师、称自己为学生,这些人就聚集在一起嘲笑他。

问之,则曰:"彼与彼年相若也,道相似也。位卑则足羞,官盛则近谀。"

问那些嘲笑者(嘲笑的原因),他们就说:"那个人与某人年龄相近,修养和学业也差不多,(怎么能称他为老师呢?)以地位低的人为师,就足以感到耻辱,称官位高的人为师,则被认为谄媚。"

呜呼!师道之不复可知矣。

啊!从师学习的风尚不能恢复,由此就可以知道原因了。

巫医乐师百工之人,君子不齿,今其智乃反不能及,其可怪也欤!

巫医、乐师及各种工匠,士大夫们是不屑一提的,现在士大夫的见识反而比不上这些人了。这不是很奇怪吗!

3

圣人无常师。孔子师郯子、苌弘、师襄、老聃。

圣人没有固定的老师,孔子曾经以郯子、苌弘、师襄、老聃为师。

郯子之徒,其贤不及孔子。

郯子这一类人,他们的道德才能不如孔子。

孔子曰:"三人行,则必有我师。"

孔子说:"几个人走在一起,其中就必定有可以做我老师的人。"

是故弟子不必不如师,师不必贤于弟子,闻道有先后,术业有专攻,如是而已。

因此学生不一定不如老师,老师也不一定比学生高明,懂得道理有先有后,学问和技艺上各有各的研究,如此罢了。

4

李氏子蟠,年十七,好古文,六艺经传皆通习之,不拘于时,学于余。

李家的孩子名叫蟠,十七岁,爱好古文,六艺的经文和解释经文的著作都普遍学习了,不受耻学于师的世俗风气束缚,向我求学。

余嘉其能行古道,作《师说》以贻之。

我赞扬他能履行古人拜师求学的传统,写了这篇《师说》赠给他。

【资料与背景】

一、作家作品

韩愈(768—824年),字退之,唐代文学家、思想家、政治家,古文运动的倡导者,河南河阳(今河南焦作孟州市)人,祖籍河北昌黎,世称韩昌黎,晚年任吏部侍郎,又称韩吏部,谥号"文",又称韩文公,唐宋八大家之一。他与柳宗元同为唐代古文运动的倡导者,后人对其评价颇高。宋代苏轼称他"文起八代之衰",明人推他为唐宋八大家之首。他与柳宗元并称"韩柳",有"文章巨公"和"百代文宗"之名,作品都收在《昌黎先生集》里。韩愈在思想上是中国"道统"观念的确立者,是尊儒反佛的里程碑式人物。

关于古文运动:我国古典散文发展到唐代出现了一次巨大变革,韩愈和柳宗元是这场运动的主将。他们主张文章要言之有物,要阐发孔孟之道,反对六朝以来单纯追求形式美、内容贫乏的骈俪文章,认为自己的散文继承了先秦两汉文章的传统,所以称"古文"。韩愈提倡古文,目的在于恢复古代的儒学道统,将改革文风与复兴儒学变为相辅相成的运动。古文运动奠定了唐宋实用散文的基础。

关于体裁:说,是古代论说文的一种,一般为陈述自己对某种事物的见解。有的偏重叙事,有的说明中抒情,有的偏重说理。"说",古义为陈述和解说,可按"解说……的道理"来理解。"师说",即解说关于"从师"的道理。

二、背景纵览

韩愈所处的中唐时代,上层"士大夫之族"自己不从师学习,也反对像韩愈那样愿为人师者,还对别人的从师学习"群聚而笑之"。韩愈当时任国子监四门博士,他对上层"士大夫之族"的恶劣风气深恶痛绝,坚决斗争。《师说》就是借为文送李蟠来抨击那些"耻学于师"的上层"士大夫之族",大力宣扬从师学习的必要性和择师的正确途径。

【内容与特色】

一、内容简析

《师说》是一篇抨击时弊、宣扬师道的著名论文,是韩愈议论文中的典范作品。文章论述了从师学习的重要性,批判了当时社会上"耻学于师"的陋习,表现了作者不顾世俗、独抒己见的非凡勇气和斗争精神。

全文共四段。

第一段,以教师的重要作用总论从师的必要性和从师的原则,提出中心论点。

第二段,论述"师道之不传",用三组对比,批判了"士大夫之族"耻于从师的恶劣态度和不会择师的错误做法。

第三段,以"古之圣人"及其代表人物孔子为例,从正面论述正确的择师标准——以道为师,以能者为师。同时进一步阐述师道、师生关系。

第四段,赞扬李蟠,说明写作缘由。

二、写作特色

1.结构严谨,逻辑严密,说理性强。作者先是正面阐述师者的职责、功用,并开宗明义亮出"古之学者必有师"的论点,为全篇立下了主旨。接着,作者笔锋一转,把批判的矛头直指社会上耻于相师的陋习,反复运用对比手法,揭露其自相矛盾、荒诞不经。最后,又引经据典,用孔子的言行,再回过头来正面阐述学无常师、学生可以超过先生的道理,以增强论证的说服力。特别是正反对比手法的运用,造成了强烈的反差效果,使作者的观点不言自明,更加突出。

2.语言错综变化,生动鲜明。具体表现为:(1)多种句式综合运用,语气表达丰富多变。整齐的排偶句和灵活的散句交替运用,配合自然,错落有致。(2)恰当运用顶针的修辞手法。语言不仅上下连贯、气势顺畅,而且反映了前后事理的有机联系,能更加准确严密地阐明道理。

【字词与句式】

一、字音

句读(dòu)　　　或不(fǒu)焉　　　经传(zhuàn)

近谀(yú)　　　郯(tán)子　　　欤(yú)

老聃(dān)　　　师襄(xiāng)　　　苌(cháng)弘

李蟠(pán)　　　巫(wū)医　　　贻(yí)

二、字义

(1)师者,所以传道受业解惑也:所以,用来……的。

(2)闻道:得知真理。道,这里指儒家之道。

(3)是故:因此,所以。

(4)出人:超出一般人。

(5)犹且:尚且,还。

(6)圣益圣,愚益愚:益,更加,越发。

(7)句读:句,文句意思表达完毕,叫"句";读,同"逗",句子中间需要稍稍停顿的地方。

"句读"在这里泛指文字的诵读。

(8)巫医乐师百工之人:百工,各种手工艺人。

(9)士大夫之族:族,类。

(10)君子不齿:不齿,不屑一提。

(11)今其智乃反不能及:乃,竟然。

(12)其可怪也欤:欤,表示感叹的语气助词,相当于"啊"。

(13)郯子之徒:之徒,这些人。

(14)三人行,则必有我师:语出《论语·述而》。

(15)术业有专攻:学问和技艺上各有各的专门研究。攻,学习、研究。

(16)六艺经传皆通习之:通,普遍。

(17)余嘉其能行古道:嘉,赞赏。

(18)作《师说》以贻之:贻,赠送。

三、文言现象

1. 通假字

(1)师者,所以传道受业解惑也。("受"通"授",教授、传授)

(2)或师焉,或不焉。("不"通"否",指不从师学习)

(3)彼童子之师,授之书而习其句读者。("读"通"逗",句中稍作停顿的地方)

2. 一词多义

师:

(1)古之学者必有师(老师)

(2)吾从而师之(意动用法,以……为师)

(3)吾师道也(学习)

(4)师道之不传也久矣(从师)

(5)巫医乐师百工之人(有专门技艺者)

传:

(1)师道之不传也久矣(流传)

(2)所以传道受业解惑也(传授)

(3)六艺经传皆通习之(读"zhuàn",古代解释经书的书)

道:

(1)所以传道受业解惑也(知识和道理)

(2)师道之不传也久矣(风尚)

(3)道相似也(道德学问)

(4)余嘉其能行古道(途径,方法)

惑:

(1)所以传道受业解惑也(疑难问题)
(2)于其身也,则耻师焉,惑矣(糊涂)
(3)惑而不从师(有疑惑)

其:
(1)生乎吾前,其闻道也固先乎吾(代词,他)
(2)其为惑也,终不解矣(代词,那些)
(3)古之圣人,其出人也远矣(代词,指圣人)
(4)夫庸知其年之先后生于吾乎(代词,指"闻道先乎吾"的人)
(5)其皆出于此乎(副词,大概)
(6)今其智乃反不能及,其可怪也欤(前一个"其"指士大夫;后一个"其"是副词,难道)

之:
(1)择师而教之(代词,他)
(2)巫医乐师百工之人(代词,这些)
(3)古之学者(结构助词,的)
(4)师道之不复,可知矣(结构助词,主谓之间,取消句子的独立性)
(5)句读之不知(宾语前置的标志)
(6)六艺经传皆通习之(代词,代指"六艺经传")

3.古今异义词
(1)古之学者必有师(古义:泛指求学的人,读书人。今义:有专门学问的人)
(2)师者,所以传道受业解惑也(古义:相当于"用来……的"。今义:表因果关系的连词)
(3)吾从而师之(古义:是两个词,从,跟随;而,而且。今义:连词)
(4)是故无贵无贱,无长无少(古义:无论。今义:没有)
(5)师道之不传也久矣(古义:风尚。今义:道理、道德)
(6)今之众人:(古义:一般人、普通人。今义:许多人)
(7)或师焉,或不焉(古义:有的人,不定指代词。今义:或许、或者)
(8)小学而大遗(古义:在小的方面学习。今义:对儿童、少年实施初等教育的学校)
(9)士大夫之族(古义:类。今义:常指家族、民族、种族)
(10)郯子之徒(古义:类。今义:常指徒弟、学生)
(11)圣人无常师(古义:固定。今义:平常、经常、时常)
(12)是故弟子不必不如师(古义:不一定。今义:副词,表示事理上或情理上不需要)

4.词类活用
(1)名词活用作动词
君子不齿(不屑一提)
吾师道也(学习)

师道之不传也久矣(从师)

其下圣人也亦远矣(低于)

或师焉(从师学习)

不耻相师(学习)

(2)名词活用作状语

则群聚而笑之(成群地)

(3)形容词活用作名词

孰能无惑(疑惑的问题)

无贵无贱,无长无少(地位高的人,地位低的人;年龄大的人,年龄小的人)

是故圣益圣,愚益愚(圣人,愚人)

位卑则足羞,官盛则近谀(地位卑贱的人,势盛官高的人)

小学而大遗(小的方面,大的方面)

(4)使动用法

授之书而习其句读者(使……学习)

(5)意动用法

吾从而师之(以……为师)

而耻学于师(以……为耻)

孔子师郯子、苌弘、师襄、老聃(以……为师)

不耻相师(以……为耻)

5.特殊句式

(1)倒装句

①宾语前置

句读之不知,惑之不解——即"不知句读,不解惑","句读""惑"分别是"不知""不解"的宾语,"之"字是宾语前置的标志。

②介词结构后置

其闻道也固先乎吾——即"其闻道也固乎吾先",他懂得道理本来就比我早。"乎吾"作为介词短语放在了后面。

师不必贤于弟子——即"师不必于弟子贤",老师不一定比弟子贤能。"于弟子"作为介词短语放在了后面。

不拘于时,学于余——即"不拘于时,于余学",不受耻学于师的时代风气束缚,向我求学。"于余"作为介词短语放在了后面。

(2)判断句

师者,所以传道授业解惑也。("……者,……也"表示判断)

道之所存,师之所存也。("……,……也"表示判断)

非吾所谓传其道解其惑者也。("非……也"表示否定判断)

(3)被动句

不拘于时(用"于"表示被动,"于"相当于"被")

【重点与难点】

一、单项选择题

1.下列加点字的活用现象归类正确的一项是(　　)。

①吾师道也 ②耻学于师 ③不耻相师 ④小学而大遗 ⑤其下圣人也亦远矣 ⑥是故圣益圣,愚益愚 ⑦吾从而师之

　A.①⑤/②③⑦/④⑥　　　　B.①③/②⑦/④⑥/⑤

　C.①⑤/③⑦/②/④⑥　　　　D.①⑤/②⑦/③/④⑥

2.下列句子中"其"的用法和其他三项不同的一项是(　　)。

　A.其皆出于此乎　　　　　　B.爱其子,择师而教之

　C.吾未见其明也　　　　　　D.今其智乃反不能及

3.从句式特征看,与"师者,所以传道受业解惑也"一句相同的一项是(　　)。

　A.句读之不知,惑之不解　　B.师不必贤于弟子

　C.道之所存,师之所存也　　D.圣人无常师

二、阅读

4.解释下列加点的词语。

(1)师道之不传也久矣

_____

(2)吾从而师之

_____

5."不拘于时"是什么句式?

_____

6.用现代汉语翻译下列句子。

(1)师者,所以传道受业解惑也。

_____

_____

(2)句读之不知,惑之不解,或师焉,或不焉,小学而大遗,吾未见其明也。

_____

_____

7.为论述从师而学的必要性,这篇文章运用了什么论证方法?请举例分析。

【阅读与拓展】

答韦中立论师道书(节选)
【柳宗元】

二十一日,宗元白:辱书云,欲相师。仆道不笃,业甚浅近,环顾其中,未见可师者。虽常好言论,为文章,甚不自是也。不意吾子自京师来蛮夷间,乃幸见取。仆自卜固无取,假令有取,亦不敢为人师。为众人师且不敢,况敢为吾子师乎?

孟子称"人之患在好为人师"。由魏、晋氏以下,人益不事师。今之世,不闻有师,有辄哗笑之,以为狂人。独韩愈奋不顾流俗,犯笑侮,收召后学,作《师说》,因抗颜而为师。世果群怪聚骂,指目牵引,而增与为言辞。愈以是得狂名,居长安,炊不暇熟,又挈挈而东,如是者数矣。

屈子赋曰:"邑犬群吠,吠所怪也。"仆往闻庸、蜀之南,恒雨少日,日出则犬吠,予以为过言。前六七年,仆来南,二年冬,幸大雪逾岭,被南越中数州。数州之犬,皆苍黄吠噬,狂走者累日,至无雪乃已,然后始信前所闻者。今韩愈既自以为蜀之日,而吾子又欲使吾为越之雪,不以病乎?非独见病,亦以病吾子。然雪与日岂有过哉?顾吠者犬耳!度今天下不吠者几人,而谁敢炫怪于群目,以召闹取怒乎?

……

译 文:

二十一日,宗元写:承蒙您来信说,想要认我做老师。我的道德修养不深,学识非常浅薄,从各方面审察自己,看不出有值得学习的地方。虽然经常喜欢发些议论,写点文章,但我自己很不以为是正确的。没有想到您从京城来到偏远的永州,竟幸运地被您取法。我自估量本来就没有什么可取的东西;即使有可取的,也不敢做别人的老师。做一般人的老师尚且不敢,更何况敢做您的老师呢?

孟子说:"人们的毛病,在于喜欢充当别人的老师。"从魏、晋以来,人们更加不尊奉老师。在当今的时代,没听说还有老师;如果有,人们就会哗然讥笑他,把他看作狂人。只有韩愈奋然不顾时俗,冒着被人们嘲笑侮辱(的风险),招收后辈学生,写作《师说》,就严正不屈地当起老师来。世人果然都感到惊怪,相聚咒骂,对他指指点点给眼色看,相互拉拉扯扯示意,而且大肆渲染地编造谣言来攻击他。韩愈因此得到了狂人的名声,他住在长安,煮饭都来不及煮熟,又被外放而匆匆忙忙地向东奔去。像这样的情况有好几次了。

屈原的赋里说:"城镇中的狗成群地乱叫,叫的是它们感到奇怪的东西。"我过去听说庸、蜀的南边,经常下雨,很少出太阳,太阳一出来就会引起狗叫,我以为这是过分夸大的话。六七年前,我来到南方。(元和)二年的冬天,幸好下大雪,越过了五岭,覆盖了南越的几个州。这几个州的狗,都惊慌地叫着咬着,疯狂奔跑了好几天,直到没有雪了才静止下来,这以后我才相信过去所听说的话。如今韩愈已经把自己当作蜀地的太阳,而您又想使我成为越地的雪,我岂不要因此受到辱骂吗?不仅我会被辱骂,人们也会因此辱骂您。然而雪和太阳难道有罪过吗?只不过感到惊怪而狂叫的是狗罢了!试想当今天下见到奇异的事情不像狗那样乱叫的能有几个人,因而谁又敢在众人眼前显出自己与众不同,来招惹人们的喧闹和恼怒呢?

……

04. 六国论

苏　洵

【原文与译文】

1

六国破灭,非兵不利,战不善,弊在赂秦。

六国的被攻破而(导致)灭亡,不是由于兵器不锋利,作战不得法,弊端在于贿赂秦国。

赂秦而力亏,破灭之道也。

贿赂秦国,(自己的)实力就要亏损,这是亡国的途径。

2

或曰:六国互丧,率赂秦耶?

有人说:六国相继灭亡,难道都是由于贿赂秦国吗?

曰:不赂者以赂者丧。

回答是:没有贿赂(秦国)的国家是由于贿赂(秦国)的国家而灭亡的。

盖失强援,不能独完,故曰:弊在赂秦也。

(没有贿赂的国家)由于失去强大的援助,不能单独保存自己。所以说:弊端在于贿赂秦国。

3

秦以攻取之外,小则获邑,大则得城。

秦国除了用攻战取得的(地盘)之外,(还得到许多土地,)小则得到邑镇,大则得到城池。

较秦之所得,与战胜而得者,其实百倍;诸侯之所亡,与战败而亡者,其实亦百倍。

比较一下秦国(由于六国行贿而)得到的地盘,与战争取胜得到的地盘,它的实际数目要多到百倍;六国(由于贿赂秦国而)失去的地盘,比他们由于战败而失去的地盘,它的实际数目也要多到百倍。

则秦之所大欲,诸侯之所大患,固不在战矣。

那么,秦国最向往的,诸侯最怕的,从根本上说,就不由战争决定了。

思厥先祖父,暴霜露,斩荆棘,以有尺寸之地。

想想他们的祖先,冒着寒霜雨露,披荆斩棘,才得到很少的土地。

子孙视之不甚惜,举以予人,如弃草芥,今日割五城,明日割十城,然后得一夕安寝。

(他们的)子孙却不爱惜,拿来就送给别人,如同抛弃小草一般。今天割让五座城池,明天割让十座城池,然后才能得到一夜的安稳睡眠。

起视四境,而秦兵又至矣。

(第二天)起来看看四周的边境,秦兵又到(那里)了。

然则诸侯之地有限,暴秦之欲无厌,奉之弥繁,侵之愈急。

既然这样,那么诸侯的土地是有限的,贪暴的秦国的欲望却是无法满足的,奉送得愈是频繁,(秦国)的侵犯愈是厉害。

故不战而强弱胜负已判矣。

所以,不必作战,谁强谁弱,谁胜谁负,已经确定了。

至于颠覆,理固宜然。

以至于发展到颠覆的结局,从道理上说本来就会这样。

古人云:"以地事秦,犹抱薪救火,薪不尽,火不灭。"

古人说:"用土地来侍奉秦国,如同抱着柴火去救火,柴火不断,火就不灭。"

此言得之。

这话是说对了。

4

齐人未尝赂秦,终继五国迁灭,何哉?

齐国未曾贿赂秦国,终于随着五国灭亡了,这是什么原因呢?

与嬴而不助五国也。

(这是它)结交秦国而不帮助五国的缘故。

五国既丧,齐亦不免矣。

五国灭亡之后,齐国也就难免要灭亡了。

燕赵之君,始有远略,能守其土,义不赂秦。

燕国和赵国的君主,开始还有远大的谋略,能够坚守国土,施行正义而不贿赂秦国。

是故燕虽小国而后亡,斯用兵之效也。

所以燕国虽然是个小国却能后灭亡,这是用兵(抗敌)的功效啊。

至丹以荆卿为计,始速祸焉。

等到燕太子丹以荆轲(行刺)作为(对付秦国的)策略,才招致了(亡国)祸患的来临。

赵尝五战于秦,二败而三胜。

赵国曾经五次与秦国作战,两次失败而三次胜利。

后秦击赵者再,李牧连却之。

后来,秦国两次攻打赵国,李牧连续击溃秦军。

洎牧以谗诛,邯郸为郡,惜其用武而不终也。

等到李牧由于谗言而被杀,邯郸才成为秦国的郡邑,可惜赵国使用武力却不能坚持到最后。

且燕、赵处秦革灭殆尽之际,可谓智力孤危,战败而亡,诚不得已。

况且燕国与赵国处在秦国逐渐征伐(天下)将近结束的时候,可以说是智谋穷竭,国势孤单了,作战失败而灭亡,实在是不得已(的事情)。

向使三国各爱其地,齐人勿附于秦,刺客不行,良将犹在,则胜负之数,存亡之理,当与秦相较,或未易量。

当初假使(韩、魏、楚)三国能够爱惜各自的国土,齐人不归附秦国,(燕国的)刺客不起身赴秦,赵国的良将仍然健在,那么,谁胜谁负的命运,谁存谁亡的道理,(从六国方面说)假如能够与秦国相抗衡,(结局)或许不是轻易可以确定的。

5

呜呼!咳!以赂秦之地封天下之谋臣,以事秦之心礼天下之奇才,并力西向,则吾恐秦人食之不得下咽也。

如果(六国)用贿赂秦国的土地来封赏天下的谋臣,以侍奉秦国的诚心来礼遇天下的奇才,(大家)合力向西进军,那么,我恐怕秦国人连饭也吃不下去了。

悲夫!

可悲呀!

有如此之势,而为秦人积威之所劫,日削月割,以趋于亡。

有如此强大的国势,却被秦国的一贯暴力所挟制,一天天地割让(土地),而趋于灭亡。

为国者无使为积威之所劫哉!

治理国家的人(千万)不要使自己被别人的一贯暴力挟制啊!

6

夫六国与秦皆诸侯,其势弱于秦,而犹有可以不赂而胜之之势。

说起来,六国与秦国都是诸侯,它们的势力比秦国弱小,也还有可以不贿赂而战胜它的趋势。

苟以天下之大,下而从六国破亡之故事,是又在六国下矣。

如果以偌大的天下,而采取下策追随六国灭亡的旧事,那就又在六国之下了。

【资料与背景】

一、作家作品

苏洵(1009—1066年),字明允,号老泉,四川眉山人,北宋著名文学家。据说27岁才发愤读书,经过10多年的闭门苦读,学业大进。宋仁宗嘉祐元年(1056年),苏洵带领儿子苏轼、苏辙到京城,以所著《几策》《权书》《衡论》共22篇文章谒见翰林学士欧阳修。欧阳修很赏识这些文章,认为可以与贾谊、刘向媲美,于是向朝廷推荐。一时公卿士大夫争相传诵,苏洵的文名因而大振。苏洵精于古文写作,尤长于策论,主张"言必中当世之过"。为文见解精辟,论点鲜明,论据有力,语言锋利,明快酣畅,纵横捭阖,雄奇遒劲,很有战国纵横家的风度。后人因其子苏轼、苏辙都以文学闻名,故称他为"老苏",将三人合称"三苏",均被列入"唐宋八大家"。著有《嘉祐集》二十卷,及《谥法》三卷。本文即选自《嘉祐集·权书》。《权书》的内容都是评论政治和历史的。

二、背景纵览

1. 背景材料

苏洵一生经历了北宋真宗、仁宗、英宗三世。北宋中叶以来,我国境内东北的契丹和西北的西夏奴隶主贵族的势力逐渐强大,成为北宋王朝的严重威胁。1004年,辽(契丹)大举攻宋,直逼黄河北岸的澶州城下,威胁宋都。宰相寇准力主抗辽,宋军在澶州城下打了胜仗,但北宋最高统治者面对有利的形势却屈辱求和,与辽订立"澶渊之盟",每年向辽纳白银10万两,丝绢20万匹。1042年,宋又在辽要挟割十县土地的情况下,应允每年增纳白银10万两、绢10万匹。1044年,宋又与西夏签约,每年纳白银7万两、绢15万匹、茶叶3万斤。而在此前的1006年,宋已应允每年给西夏银万两、绢万匹、钱2万贯。苏洵反对这种屈辱求和,认为这和战国时六国"赂秦"相比,有过之而无不及,故以《六国论》向北宋统治者陈述政见。

2. 六国与秦的有关史实

(1) 韩魏楚以地赂秦大事年表

前290年　韩割武遂予秦。

前280年　楚割汉北及上庸予秦。

前275年　魏割温予秦。

前273年　魏割南阳予秦。

(2) 秦灭六国时间表

前230年灭韩,前225年灭魏,前223年灭楚,前222年灭赵和燕,前221年灭齐,统一全国。

(3) 六国抗秦大事年表

前269年　赵将赵奢击秦,大破之。

前257年　魏信陵君救赵,秦兵解去。

前247年　信陵君率五国兵败秦军于河外。

前233年　秦攻赤丽和宜安,被赵将李牧击退。

前232年　秦攻番吾,又被李牧击退。

【内容与特色】

一、内容简析

这是一篇史论,评议战国时期六国对付秦国策略的得失,阐述了六国灭亡的原因在于赂秦,赂秦必然资敌而弱己。文章以古鉴今,借六国"赂秦"而亡,提醒北宋王朝吸取历史教训,不要重蹈覆辙。

文章开门见山,提出中心论点:六国破灭,非兵不利,战不善,弊在赂秦。然后以史实为据,分别就"赂秦"与"未尝赂秦"两类国家从正面加以论证,又以假设进一步申说,如果不赂秦则六国不至于灭亡,从反面加以论证,从而得出"为国者无使为积威之所劫"的论断。最后借古论今,含蓄地警告北宋王朝,引以为戒。

文章可以分为三个部分。

第一部分(第1、2自然段),提出论点,进行初步分析,从"不赂者"和"赂者"两个方面进行初步论证,巩固论点。

第二部分(第3、4自然段),扣住分论点,分别从"赂者"和"不赂者"两方面进行论述,皆是引用历史事实来加以论证的。

第三部分(第5、6自然段),点出写作目的,总结六国灭亡的历史教训,申明自己的政治主张,正告当局者采取正确方针,坚决抵御外来侵略者。

二、写作特色

1. 借古讽今，针砭时弊。

本文是史论，但并非单纯评论史实，而是就史立论，借古讽今。作者从历史与现实结合的角度，依据史实，抓住六国破灭"弊在赂秦"这一点来立论，针砭时弊，切中要害，表明作者的政治见解。文末巧妙地联系北宋现实，点出全文的主旨，语意深切，发人深省。

2. 论点鲜明，论证严密。

文章围绕中心论点展开论证，既深入又充分，逻辑严密，无懈可击。全文纲目分明，脉络清晰，结构严整。不仅句与句、段与段之间有紧密的逻辑联系，而且首尾照应，古今相映。文中运用例证、引证、假设、类比推理，特别是对比的论证方法，增强了论点的鲜明性和深刻性。

3. 语言生动，气势充沛。

引用古人之言来形象说明道理，大大增强文章的表达效果。同时，文章字里行间饱含作者的感情，不仅有"呜呼""悲夫"等感情强烈的嗟叹，就是在夹叙夹议的文字中，也流露作者的情感，如对"以地事秦"的憎恶，对"义不赂秦"的赞赏，对"用武而不终"的惋惜，对"为国者为积威之所劫"的痛惜、激愤，都溢于言表，使文章不仅以理服人，而且以情感人。再加上对偶、对比、比喻、引用、设问等修辞方式的运用，不仅章法严谨，而且富于变化，雄奇遒劲，具有雄辩的力量和充沛的气势。

【字词与句式】

一、字音

赂(lù)秦　　　　六国互丧(sàng)　　　率(shuài)赂秦耶(yé)
小则获邑(yì)　　无厌(yàn)　　　　　暴(pù)霜露
思厥(jué)先祖父　燕(yān)赵之君　　　下咽(yàn)
抱薪(xīn)救火　　与(yǔ)嬴(yíng)　　 革灭殆(dài)尽
草芥(jiè)　　　　或未易量(liáng)　　当(tǎng)与秦相较
邯郸(Hándān)　　悲夫(fú)　　　　　为(wèi)秦人积威
日削(xuē)月割　　苟(gǒu)以天下　　　为(wéi)国者
胜负之数(shù)　　洎(jì)牧以谗诛(zhū)　荆(jīng)棘(jí)

二、字义

(1)非兵不利：兵，武器、兵器。

(2)六国互丧，率赂秦耶：率，全都、一概。

(3)盖失强援：盖，承接上文，表示原因，有"因为"的意思。

(4)此言得之：得之，得其理。之，指上面说的道理。

(5)与嬴：亲附秦国。与，结交、亲附。嬴，秦王族的姓，此借指秦国。

(6)始速祸焉：速，招致。

(7)洎:及,等到。
(8)革灭殆尽:革,改变、除去。殆,几乎、差不多。
(9)诚不得已:诚,确实、实在。
(10)向使:以前假使。
(11)胜负之数,存亡之理:数,运数。理,理数。皆指命运。
(12)故不战而强弱胜负已判矣:判,决定。
(13)积威:积久而成的威势。
(14)劫:胁迫、挟持。
(15)为国者:为,治理。
(16)而从六国破亡之故事:从,蹈、跟随。

三、文言现象

1. 通假字
(1)暴霜露,斩荆棘("暴"通"曝",冒着)
(2)暴秦之欲无厌("厌"通"餍",满足)
(3)当与秦相较("当"通"倘",假如)

2. 一词多义

兵:
(1)非兵不利(名词,兵器、武器)
(2)而秦兵又至矣(名词,军队)
(3)斯用兵之效也(名词,战争)

亡:
(1)诸侯之所亡,与战败所亡者(动词,丧失、丢失)
(2)是故燕虽小国而后亡(动词,灭亡)

暴:
(1)暴霜露(动词,冒着)
(2)暴秦之欲无厌(形容词,凶暴、残暴)

事:
(1)以地事秦(动词,侍奉)
(2)下而从六国破亡之故事(名词,事例)

犹:
(1)以地事秦,犹抱薪救火(动词,像、好像)
(2)良将犹在(副词,还)
(3)犹有可以不赂而胜之之势(副词,仍然、还)

始:

(1)燕赵之君,始有远略(副词,起初)

(2)始速祸焉(副词,才)

得:

(1)小则获邑,大则得城(动词,获得)

(2)此言得之(形容词,适宜、得当,引申为正确)

(3)诚不得已(动词,能够)

终:

(1)终继五国迁灭(副词,最终)

(2)惜其用武而不终也(动词,坚持到底)

欲:

(1)暴秦之欲无厌(名词,欲望)

(2)则秦之所大欲(动词,想要)

势:

(1)有如此之势(名词,形势)

(2)其势弱于秦(名词,势力)

向:

(1)向使三国各爱其地(副词,假如、如果)

(2)并力西向(动词,朝着、对着)

以:

(1)不赂者以赂者丧(因为)

(2)洎牧以谗诛(因为)

(3)秦以攻取之外(用,凭借)

(4)苟以天下之大(凭借)

(5)犹有可以不赂而胜之之势(凭借)

(6)以有尺寸之地(才)

(7)举以予人(把)

(8)以地事秦(用)

(9)至丹以荆卿为计(用)

(10)以赂秦之地封天下之谋臣(用)

为:

(1)邯郸为郡(动词,成为)

(2)为国者无使为积威之所劫哉(前一个"为"作动词,"治理";后一个"为"作介词,"被")

(3)而为秦人积威之所劫哉(介词,被)

(4)以荆卿为计(动词,作为)

与:

(1)与嬴而不助五国也(交好)

(2)六国与秦皆诸侯(和、同,表并列)

(3)与战胜而得者(跟、同,表比较的对象)

3．古今异义词

(1)其实百倍(古义:它的实际数量。今义:实际上)

(2)思厥先祖父(古义:祖辈和父辈。今义:父亲的父亲)

(3)始速祸焉(古义:招致。今义:速度)

(4)可谓智力孤危(古义:智慧与力量。今义:指人类思考能力与认知水平)

(5)而从六国破亡之故事(古义:旧事、前例。今义:真实的或虚构的有人物有情节的事情)

(6)至于颠覆(古义:以至于,到……结局。今义:连词,表示到达某种程度或表示另提一事)

(7)后秦击赵者再(古义:两次。今义:表示又一次)

(8)然后得一夕安寝(古义:这样以后。今义:表示某一行动或情况发生后,接着发生或引起另一行动或情况)

(9)而犹有可以不赂而胜之之势(古义:可以凭借。今义:表示可能或能够)

4．词类活用

(1)名词活用作动词

以地事秦(侍奉)

义不赂秦(坚持正义)

以事秦之心礼天下之奇才(事:侍奉;礼:礼待)

则吾恐秦人食之不得下咽也(吞下)

下而从六国破亡之故事(自取下策)

(2)名词活用作状语

日削月割,以趋于亡(每天、每月)

至于颠覆,理固宜然(按理来说)

并力西向(向西)

(3)形容词活用作动词

惜其用武而不终也(坚持到底)

不能独完(完好保全)

始速祸焉(招致)

(4)使动用法

李牧连却之(使……退却)

赂秦而力亏(使……亏损,削弱)

5.特殊句式

(1)倒装句

①定语后置

苟以天下之大——即"苟以大天下",如果以偌大的天下。

②介词结构后置

其势弱于秦——即"其势于秦弱",它们的势力比秦国弱小。

赵尝五战于秦——即"赵尝于秦五战",赵国曾经五次与秦国作战。

齐人勿附于秦——即"齐人勿于秦附",齐人不归附秦国。

(2)判断句

是故燕虽小国而后亡,斯用兵之效也。("……,……也"表示判断)

赂秦而力亏,破灭之道也。("……,……也"表示判断)

苟以天下之大,而从六国破亡之故事,是又在六国下矣。("……,……"表示判断)

与嬴而不助五国也。("……也"表示判断)

(3)被动句

有如此之势,而为秦人积威之所劫。("为……所……"表被动)

为国者无使为积威之所劫哉。("为……所……"表被动)

洎牧以谗诛。("诛"表示被诛)

(4)省略句

举(之)以(之)予人

(子孙)起视四境,而秦兵又至矣

思厥先祖父,暴(于)霜露

洎牧以谗诛,邯郸为(秦)郡

是故燕虽(为)小国而后亡

至丹以荆卿(刺秦王)为(抗秦之)计

【重点与难点】

一、单项选择题

1.下列句子中的加点字,解释正确的一项是( )。

A.六国破灭,非兵不利(士兵) 六国互丧,率赂秦耶(交互)

B.盖失强援,不能独完(大概) 故不战而强弱胜负已判矣(确定)

C.与嬴而不助五国也(和) 能守其土,义不赂秦(道义)

D. 刺客不行,良将犹在(前往)　　当与秦相较,或未易量(判定)

2. 下列句子中加点词的意思与今义相同的一组是(　　)。

①盖失强援,不能独完

②思厥先祖父,暴霜露,斩荆棘

③至于颠覆,理固宜然

④可谓智力孤危

⑤然后得一夕安寝

⑥较秦之所得,与战胜而得者,其实百倍

⑦然则诸侯之地有限,暴秦之欲无厌

⑧而从六国破亡之故事

A. ①②⑦　　B. ③④⑤　　C. ①⑤⑦　　D. ④⑥⑧

3. 下列句子中,没有词类活用现象的一项是(　　)。

A. 日削月割,以趋于亡　　B. 李牧连却之

C. 礼天下之奇才　　D. 子孙视之不甚惜

二、阅读

4. 解释下列加点的词语。

(1)惜其用武而不终也

_____

(2)不能独完

_____

5. "赵尝五战于秦"是什么句式?

_____

6. 用现代汉语翻译下列句子。

(1)为国者无使为积威之所劫哉!

_____

_____

(2)苟以天下之大,下而从六国破亡之故事,是又在六国下矣。

_____

_____

7. 本文的中心论点是什么?提出中心论点的方式有什么特点?文章是从哪些方面论证这一中心论点的?

_____

_____

【阅读与拓展】

六国论

【苏辙】

  尝读六国世家,窃怪天下之诸侯,以五倍之地,十倍之众,发愤西向,以攻山西千里之秦,而不免于死亡。常为之深思远虑,以为必有可以自安之计,盖未尝不咎其当时之士虑患之疏,而见利之浅,且不知天下之势也。

  夫秦之所以与诸侯争天下者,不在齐、楚、燕、赵也,而在韩、魏之郊;诸侯之所与秦争天下者,不在齐、楚、燕、赵也,而在韩、魏之野。秦之有韩、魏,譬如人之有腹心之疾也。韩、魏塞秦之冲,而弊山东之诸侯,故夫天下之所重者,莫如韩、魏也。

  昔者范雎用于秦而收韩,商鞅用于秦而收魏,昭王未得韩、魏之心,而出兵以攻齐之刚、寿,而范雎以为忧。然则秦之所忌者可以见矣。

  秦之用兵于燕、赵,秦之危事也。越韩过魏,而攻人之国都,燕、赵拒之于前,而韩、魏乘之于后,此危道也。而秦之攻燕、赵,未尝有韩、魏之忧,则韩、魏之附秦故也。夫韩、魏诸侯之障,而使秦人得出入于其间,此岂知天下之势邪!委区区之韩、魏,以当强虎狼之秦,彼安得不折而入于秦哉?韩、魏折而入于秦,然后秦人得通其兵于东诸侯,而使天下偏受其祸。

  夫韩、魏不能独当秦,而天下之诸侯,藉之以蔽其西,故莫如厚韩亲魏以摈秦。秦人不敢逾韩、魏以窥齐、楚、燕、赵之国,而齐、楚、燕、赵之国,因得以自完于其间矣。以四无事之国,佐当寇之韩、魏,使韩、魏无东顾之忧,而为天下出身以当秦兵;以二国委秦,而四国休息于内,以阴助其急,若此,可以应夫无穷,彼秦者将何为哉!

  不知出此,而乃贪疆埸(yì)尺寸之利,背盟败约,以自相屠灭,秦兵未出,而天下诸侯已自困矣。至于秦人得伺其隙以取其国,可不悲哉!

译　文:

  我读过史记中六国世家的故事,内心感到奇怪:全天下的诸侯,凭着比秦国大五倍的土地,多十倍的军队,全心全力向西攻打肴山西边面积千里的秦国,却免不了灭亡。我常为这件事作深远的思考,认为一定有能够用来自求安定的计策,因此我总是怪罪那时候的一些谋臣,在考虑忧患时是这般的粗略,图谋利益时又是那么的肤浅,而且不了解天下的情势啊!

  秦国要和诸侯争夺天下的目标,不是放在齐、楚、燕、赵等地区,而是放在韩、魏的边境上;诸侯要和秦国争夺天下的目标,也不是放在齐、楚、燕、赵等地区,而是放在韩、魏的边境上。对秦国来说,韩、魏的存在,就好比人有体内的疾病一样;韩、魏两国阻碍了秦国出入的要道,却掩护着肴山东边的所有国家,所以全天下特别看重的地区,再也没有比得上韩、魏两国了。

  从前范雎被秦国重用,就征服了韩国;商鞅被秦国重用,就征服了魏国。秦昭王在还没获得韩、魏的归心以前,却出兵去攻打齐国的刚、寿一带,范雎就认为是可忧的。既然这样那么秦国忌惮的事情，就可以看得出来了。

秦国要对燕、赵两国动用兵力，这对秦国是危险的事情；越过韩、魏两国去攻打人家的国都，燕、赵在前面抵挡它，韩、魏就从后面偷袭他，这是危险的途径啊。可是当秦国去攻打燕、赵时，却不曾有韩、魏的顾虑，就是因为韩、魏归附了秦国的缘故啊。韩、魏是诸侯各国的屏障，却让秦国人能够在他们的国境内进出自如，这难道是了解天下的情势吗？任由小小的韩、魏两国，去抵挡像虎狼一般强横的秦国，他们怎能不屈服而归向秦国呢？韩、魏一屈服而归向秦国，从此以后秦国人就可以出动军队直达东边各国，而且让全天下到处都遭受到他的祸害。

韩、魏是不能单独抵挡秦国的，可是全天下的诸侯，却必须靠着他们去隔开西边的秦国，所以不如亲近韩、魏来抵御秦国。秦国人就不敢跨越韩、魏，来图谋齐、楚、燕、赵四国，然后齐、楚、燕、赵四国，也就因此可以在他们的领域内安定自己的国家了。凭着四个没有战事的国家，协助面临敌寇威胁的韩、魏两国，让韩、魏没有防备东边各国的忧虑，替全天下挺身而出来抵挡秦国军队；用韩、魏两国对付秦国，其余四国在后方休养生息，来暗中援助他们的急难，像这样就可以源源不绝地应付了，那秦国还能有什么作为呢？

诸侯们不知道要采行这种策略，却只贪图边境上些微土地的利益，违背盟誓、毁弃约定，来互相残杀同阵营的人，秦国的军队还没出动，天下的诸侯各国就已经困住自己了。直到让秦国人能够乘虚而入来并吞了他们的国家，怎不令人悲哀啊！

05. 游褒禅山记

王安石

【原文与翻译】

1

褒禅山亦谓之华山。

褒禅山也称为华山。

唐浮图慧褒始舍于其址,而卒葬之;以故其后名之曰"褒禅"。

唐代和尚慧褒当初在这里盖庙居住,死后又葬在那里,因此后人就称此山为褒禅山。

今所谓慧空禅院者,褒之庐冢也。

现在人们所说的慧空禅院,就是当初慧褒和尚的禅房与坟墓。

距其院东五里,所谓华阳洞者,以其乃华山之阳名之也。

距离那禅院东边五里远,是人们所说的华阳洞,因为它在华山南面而这样命名。

距洞百余步,有碑仆道,其文漫灭,独其为文犹可识,曰"花山"。

距离山洞一百多步,有一块石碑倒在路旁,上面的文字已被剥蚀、损坏近乎磨灭,只有从勉强能认得出的地方还可以辨识出"花山"的字样。

今言"华"如"华实"之"华"者,盖音谬也。

现在将(华山的)"华"读为"华实"的"华",大概是(因字同而产生的)音读错了。

2

其下平旷,有泉侧出,而记游者甚众,所谓前洞也。

华山洞下面平坦而宽阔,有一股山泉从旁边涌出,在这里游览、题记的人很多,这是人们所说的"前洞"。

由山以上五六里,有穴窈然,入之甚寒,问其深,则其好游者不能穷也,谓之后洞。

经由山路向上走五六里,有个幽深的洞穴,进去便(感到)寒气逼人,打听它的深度,就是那些喜欢游险的人也未能走到尽头——这是人们所说的"后洞"。

余与四人拥火以入,入之愈深,其进愈难,而其见愈奇。

我与四个人打着火把走进去,进去越深,前进越困难,而所见到的景象越奇妙。

有怠而欲出者,曰:"不出,火且尽。"

有个懈怠而想退出的同伴说:"再不出去,火把就要熄灭了。"

遂与之俱出。

于是,大家只好都跟他退出来。

盖余所至,比好游者尚不能十一,然视其左右,来而记之者已少。

我们走进去的深度,比起那些喜欢游险的人来,大概还不足十分之一,然而看看左右的石壁,来此而题记的人已经很少了。

盖其又深,则其至又加少矣。

大概洞内更深的地方,来到的游人就更少了。

方是时,予之力尚足以入,火尚足以明也。

当(决定从洞内退出)时,我的体力还足够前进,火把还能够继续照明。

既其出,则或咎其欲出者,而余亦悔其随之而不得极夫游之乐也。

我们出洞以后,就有人埋怨那位主张退出的人,而我也后悔跟他出来,却未能尽情享受游洞的乐趣。

3

于是余有叹焉。

因此我便有所感慨。

古人之观于天地、山川、草木、虫鱼、鸟兽,往往有得,以其求思之深而无不在也。

古人对天地、山川、草木、虫鱼、鸟兽进行观察,大都能有所收获,是因为他们探究、思考问题深远而广泛全面。

夫夷以近,则游者众;险以远,则至者少。

道路平坦距离又近的地方,前来游览的人便多;道路艰险而又偏远的地方,前来游览的人便少。

而世之奇伟、瑰怪、非常之观,常在于险远,而人之所罕至焉,故非有志者不能至也。有志矣,不随以止也,然力不足者,亦不能至也。

但是世上奇妙雄伟、珍异奇特、非同寻常的景观,常常在那险阻、偏远、人迹罕至的地方。(虽然)有了意志,也不盲从别人而停止,但是体力不足的人,也不能到达。

有志与力,而又不随以怠,至于幽暗昏惑而无物以相之,亦不能至也。

有了意志与体力,也不盲从别人、有所懈怠,但到了那幽深昏暗、令人迷乱的地方却没有必要的物件来辅助,也不能到达。

然力足以至焉,于人为可讥,而在己为有悔;尽吾志也而不能至者,可以无悔矣,其孰能讥之乎?此余之所得也。

可是,力量足以达到目的(而未能达到),在别人(看来)是可以讥笑的,在自己来说也是有所悔恨的;尽了自己的心志而未能达到,便可以无所悔恨,还有谁能讥笑他吗?这就是我得到的收获了。

4

余于仆碑,又以悲夫古书之不存,后世之谬其传而莫能名者,何可胜道也哉!

我对于那倒在路上的石碑,又感叹古代刻写的文献未能存留,后世讹传而无人弄清其真相的事,哪能说得完呢?

此所以学者不可以不深思而慎取之也。

这就是读书人不可不深入思考而谨慎取舍的原因了。

四人者:庐陵萧君圭君玉,长乐王回深父,余弟安国平父、安上纯父。

(同游的)四个人:庐陵人萧君圭(字君玉)、长乐人王回(字深父)、我的弟弟安国(字平父)、安上(字纯父)。

至和元年七月某日,临川王某记。

至和元年七月,临川人氏王安石记。

【资料与背景】

一、作家作品

王安石(1021—1086 年),字介甫,号半山,谥文,封荆国公。世人又称王荆公。汉族,北宋抚州临川人(今江西省抚州市临川区邓家巷人),著名政治家、思想家、文学家、改革家,唐宋八大家之一。欧阳修称赞王安石:"翰林风月三千首,吏部文章二百年。老去自怜心尚在,后来谁与子争先。"传世文集有《王临川集》《临川集拾遗》《临川先生文集》等。其诗文各体兼擅,词虽不多,但亦擅长,且有名作《桂枝香》等。而王安石最得世人哄传之诗句莫过于《泊船瓜洲》中的"春风又绿江南岸,明月何时照我还。"

二、背景纵览

王安石 34 岁时(1054 年)从舒州通判任上辞职,在回家的路上游览了褒禅山。本文是他三个月后以追忆的形式写下的。四年后(1058 年)王安石给宋仁宗上万言书,主张改革政治。12 年后(1070 年)罢相。他不顾保守派反对,积极推行新法。提出"天变不足畏,祖宗不足法,人言不足恤"的观点,这与本文的观点也有相似的地方。

【内容与特色】

一、内容简析

本文是一篇叙议结合的游记,叙述他和几位同伴游褒禅山的经过,并借此生发议论,说明要实现远大理想,成就一番事业,除了要有一定的物质条件外,更需要有坚定的志向和顽强的毅力,并提出治学必须采取"深思而慎取"的态度。

文章可以分为三个部分。

第一部分(第1、2自然段),记游山所见的景物和经过,是记叙部分。可以分为两层。第一层(第1段),介绍褒禅山概况。第二层(第2段),记游华山洞的经过。

第二部分(第3、4段)写游山的心得。这是文章的议论部分,可以分为两层。第一层(第3段),写游华山洞的心得。这一层是全文的重点。第二层(第4段),借仆碑抒发感慨,提出治学必须采取"深思而慎取"的态度。

第三部分(第5段)是记游的结尾,补叙同游者的籍贯、姓名和作记时间,以及作者籍贯、署名。这是写游记常用的格式。

二、写作特色

1. 因事说理,叙议结合。

文章前面记游山,后面谈道理,记叙和议论结合得紧密而自然,并且前后呼应,结构严谨,行文缜密。

2. 重点突出,详略得当。

本文的主旨在于阐述要"有志""尽吾志"的观点,同时也涉及"深思而慎取"的观点,因此,文章的选材、详略无一不经过精心裁定,紧扣这两个观点。议游华山洞的心得甚详,借仆碑抒发感慨从略。议游华山洞的心得,又议"志"较详,议"力""物"从略。

3. 文笔简洁,语言凝练。

本文的记游部分,除为说理之外,没有多余的文字;议论部分,说理充分而有节制,没有无用的笔墨。

【阅读与拓展】

读孟尝君传

【王安石】

世皆称孟尝君能得士,士以故归之,而卒赖其力,以脱于虎豹之秦。嗟乎,孟尝君特鸡鸣狗盗之雄耳!岂足以言得士!不然,擅齐之强,得一士焉,宜可以南面而制秦,尚何取鸡鸣狗盗之力哉?夫鸡鸣狗盗之出其门,此士之所以不至也。

译 文:

世人都称道孟尝君能够招揽士人,士因为这个缘故归附他,而孟尝君终于依靠他们的力量,从像虎豹一样凶狠的秦国逃脱出来。唉!孟尝君只不过是一群鸡鸣狗盗的首领罢了,哪里能够说得上得到了贤士?不是这样的话,孟尝君拥有齐国强大的国力,只要得到一个"士",(齐国)应当可以依靠国力成为天下霸主而制服秦国,还用得着鸡鸣狗盗之徒的力量吗?鸡鸣狗盗之徒出现在他的门庭上,这就是(真正的)贤士不归附他的原因。

助　读:

　　《孟尝君传》是《史记》中的一篇。孟尝君是战国时齐国的公子田文,为齐相,以善养士著名。王安石这篇文章做出反驳,不满一百字,而立案、翻案、申述、总结,四层转折,曲尽抑扬吞吐之妙。

06. 项脊轩志

归有光

【原文与译文】

1

项脊轩,旧南阁子也。

项脊轩,是旧日的那间南阁子。

室仅方丈,可容一人居。

面积仅一丈见方,只能容一个人居住。

百年老屋,尘泥渗漉,雨泽下注。

历经百年的老屋,泥浆渗漏,雨水直往下滴。

每移案,顾视无可置者。

每当挪动书桌,左看右看没有可以安置的地方。

又北向,不能得日,日过午已昏。

屋子又是朝北的,照不到阳光,一过中午室内就昏暗了。

余稍为修葺,使不上漏。

我略加修补,使它屋顶不漏。

前辟四窗,垣墙周庭,以当南日,日影反照,室始洞然。

前而开了四扇窗,在庭院的四周筑起了围墙,用来挡住南面射过来的日光,借助日光的反射,室内才明亮起来。

又杂植兰桂竹木于庭，旧时栏楯，亦遂增胜。

又在庭院中错杂栽种了兰花、桂花、竹子、树木，旧时的栏杆，也因而增添了光彩。

借书满架，偃仰啸歌，冥然兀坐，万籁有声。

借来的书插满书架，我或俯或仰，大声吟诵，有时则静默端坐，外界的各种声音都听得见。

而庭阶寂寂，小鸟时来啄食，人至不去。

庭院台阶显得特别寂静，小鸟不时飞来啄食，有人来它也不飞走。

三五之夜，明月半墙，桂影斑驳，风移影动，珊珊可爱。

十五的夜晚，明亮的月光照着半面墙壁，桂树的影子纷杂错落，微风吹拂，桂影移动，舒缓轻盈，十分可爱。

2

然予居于此，多可喜，亦多可悲。

然而我居住在这里，可喜的事多，可悲的事也多。

先是，庭中通南北为一。

在这之前，庭院南北贯通，是个完整的院子。

迨诸父异爨，内外多置小门墙，往往而是。

等到伯父、叔父们分家后，庭院内外增添了许多小门和围墙，（门和墙）到处都是。

东犬西吠，客逾庖而宴，鸡栖于厅。

东家的狗冲着西家叫，来了客人得穿过厨房去吃饭，鸡在厅堂上栖息。

庭中始为篱，已为墙，凡再变矣。

庭院中先是扎上篱笆，不久又砌成了墙，一共变动了两次。

家有老妪，尝居于此。

我家有个老婆婆，曾经在这间屋里住过。

妪，先大母婢也，乳二世，先妣抚之甚厚。

这老婆婆，是已经去世的祖母的婢女，做过两代人的奶妈，我母亲生前待她很好。

室西连于中闺，先妣尝一至。妪每谓予曰："某所，而母立于兹。"

屋子西面和内室相连，母亲曾经来过，老婆婆常对我说："那里，就是你母亲曾经站立过的地方。"

妪又曰："汝姊在吾怀，呱呱而泣；娘以指叩门扉曰：'儿寒乎？欲食乎？'吾从板外相为应答……"

她又说："你姐姐在我的怀里，呱呱地哭着，你母亲听到哭声用手指敲敲房门说：'孩子是冷吗？是想吃东西吗？'我隔着门板一一回答……"

语未毕，余泣，妪亦泣。

话还没说完，我就哭了，老婆婆也哭了。

余自束发，读书轩中，一日，大母过余曰："吾儿，久不见若影，何竟日默默在此，大类女郎也？"

我从十五岁起一直在这项脊轩中读书。有一天，祖母来看我，说："我的孩子，很久没见到你的人影了，为什么整天不声不响地待在这儿，真像个女儿家呀！"

比去，以手阖门，自语曰："吾家读书久不效，儿之成，则可待乎！"

等到离开的时候，用手关上房门，自言自语地说："我们家人读书，很长时间不见成效了，这孩子的成功，那总是可以期待的吧！"

顷之，持一象笏至，曰："此吾祖太常公宣德间执此以朝，他日汝当用之！"

一会儿，祖母拿着一块象笏来，说："这是我祖父太常公宣德年间拿着上朝的，将来你用得上它。"

瞻顾遗迹,如在昨日,令人长号不自禁。

瞻仰回顾这些往事遗物,就像发生在昨天似的,真叫人忍不住放声痛哭。

3

轩东,故尝为厨,人往,从轩前过。

项脊轩的东面,以前做过厨房,人们到那里去,要从轩前经过。

余扃牖而居,久之,能以足音辨人。

我关上窗子住在里面,时间长了,能够凭脚步声辨别是谁。

轩凡四遭火,得不焚,殆有神护者。

项脊轩共四次遭受火灾,能不被焚毁,大概是有神灵保护的缘故吧。

4

余既为此志,后五年,吾妻来归,时至轩中,从余问古事,或凭几学书。

我写完了这篇志,过了五年,我的妻子嫁到我家。她时常来到项脊轩中,向我询问古代的事情,有时靠着书桌学写字。

吾妻归宁,述诸小妹语曰:"闻姊家有阁子,且何谓阁子也?"

我妻子回娘家看望父母,归来后转述她的小妹们的话说:"听说姐姐家有间阁子,为什么叫阁子呢?"

其后六年,吾妻死,室坏不修。

又过了六年,我的妻子去世了,小轩破败,没有心思整修。

其后二年,余久卧病无聊,乃使人复葺南阁子,其制稍异于前。然自后余多在外,不常居。

又过了两年,我因久卧病榻,心情无聊,于是叫人再次整修这间南阁子,式样与以前稍有不同。然而此后我大部分时间出门在外,不常居住。

5

庭有枇杷树,吾妻死之年所手植也,今已亭亭如盖矣。

庭院中有一棵枇杷树,是我妻子在她去世那一年亲手栽种的,现在已经长得高大挺拔,像伞盖一样了。

【资料与背景】

一、作家作品

归有光(1506—1571年),明代诗文家,字熙甫,号项脊生,又号震川。昆山(今属江苏)人。9岁能属文,后以同邑人魏校为师,通经史,擅长典故。嘉靖十九年(1540)中举人。其后二十余年,八次会试不第。嘉靖二十一年移居嘉定安亭江上,读书讲学,生徒常达数十人,被称为震川先生。嘉靖四十四年始中进士,授长兴知县。后因抗拒上司命令,被迫离职,转为顺德府通判,管理马政。后为南京太仆寺丞,参与撰修《世宗实录》,以劳瘁致疾,卒于南京。

归有光的远祖曾居住在江苏太仓的项脊泾。作者把小屋命名为项脊轩,有纪念意义。"志"即"记",是古代记叙事物、抒发感情的一种文体。借记物、事来表达作者的感情。撷取日常琐事,通过细节描写,来抒情言志。他的风格"不事雕琢而自有风味",借日常生活和家庭琐事来表现母子、夫妻、兄弟之间的感情。此文是归有光抒情散文的代表作。

二、写作背景

本文是归有光19岁时写的作品,作者30岁之后,又给该文补写了附记。选入教材时略有删节。

归有光八岁丧母,婚后六年亡妻,加上科举仕途多蹇,这些人事变故使多感的他在写悼亡文字时特别哀婉感人。

【内容与特色】

一、内容简析

《项脊轩志》是一篇借记物以叙事、抒情的散文。文章通过记作者青年时代的书斋,着重叙述与项脊轩有关的人事变迁。借"百年老屋"的几度兴废,追忆昔日的读书生活和日常琐事,寄托对祖母、母亲和妻子的深情怀念,并抒发了人亡物在、抑郁萧索的身世之感。

全文以"然予居于此,多可喜,亦多可悲"为文言。先写"可喜",再写"可悲",由"悲"到"喜",这是全文的脉络结构。

文章可以分为两个部分。

第一部分(第1自然段),写项脊轩中可喜的事。

第二部分(第2—5自然段),主要写在项脊轩中发生的可悲的事。

第2自然段写轩中怀旧。第3自然段写他闭门苦读和项脊轩遭火未焚的神奇。第4、5自然段着重写对婚后生活的回忆与对亡妻的悼念。这是作者若干年后的补记。

二、写作特色

1. 文气贯通,浑然一体。作者以项脊轩为线索,"借一阁寄三世之遗迹",将人物、事件联系起来,以又或喜或悲的感情灌注其中。

2. 从平凡的日常生活中选择自己感受最深的事情,通过生动的细节,用平实的语言,写出自己的真情实感。叙事以白描见长,抒情以朴素为归。

【阅读与拓展】

沧浪亭记

【归有光】

浮图文瑛,居大云庵,环水,即苏子美沧浪亭之地也。亟求余作沧浪亭记,曰:"昔子美之记,记亭之胜也。请子记吾所以为亭者。"

余曰:"昔吴越有国时,广陵王镇吴中,治南园于子城之西南。其外戚孙承佑,亦治园于其偏。迨淮海纳土,此园不废。苏子美始建沧浪亭,最后禅者居之。此沧浪亭为大云庵也。有庵以来二百年,文瑛寻古遗事,复子美之构于荒残灭没之余,此大云庵为沧浪亭也。夫古今之变,朝市改易。尝登姑苏之台,望五湖之渺茫,群山之苍翠,太伯、虞仲之所建,阖闾、夫差之所争,子胥、种、蠡之所经营,今皆无有矣!庵与亭何为者哉?虽然,钱镠因乱攘窃,保有吴越,国富兵强,垂及四世,诸子姻戚,乘时奢僭,宫馆苑囿,极一时之盛;而子美之亭,乃为释子所钦重如此。可以见士之欲垂名于千载,不与澌然而俱尽者,则有在矣!"

文瑛读书,喜诗,与吾徒游,呼之为沧浪僧云。

译 文:

文瑛和尚,住在大云庵,流水环绕,是苏子美沧浪亭的故址。他多次求我写沧浪亭记,说:"以前苏子美所记的,是沧浪亭的胜景,于今请您记叙的,是我为什么要重建这个亭子。"

我说:先前吴越立国的时候,广陵王镇守苏州,造了一座花园在子城的西南面,他的外戚孙承佑,也造了一座花园在它的旁边。直到淮南一带地方都归了宋朝时,这些花园也还没有荒废掉。苏子美开始建筑的沧浪亭,到后来是和尚居住了。这样沧浪亭就改成了大云庵。自有了大云庵以来又二百年了。文瑛寻访古代遗迹旧事,在这荒芜残破的废墟之上重新恢复了苏子美的沧浪亭,这样又从大云庵改成沧浪亭。

从古到今由于时代变迁,宫廷和街市也发生了变易。我曾登上姑苏台,眺望那浩渺辽阔的五湖,苍翠葱茏的群山,而古时太伯、虞仲所创建的,阖闾、夫差所争夺的,子胥、文种和范蠡所经营的，如今统统都没有了，这大云庵和沧浪亭的兴废，又算得了什么呢？尽管如此，那钱镠因天下纷乱才窃取了权位，占据了吴越这块地方，国富兵强，传了四世，他的子孙和姻戚，都趁着这个机会奢侈僭位，大建宫馆苑囿，盛极一时，而苏子美的沧浪亭，却被文瑛和尚敬重如此。可见读书人想要垂名千载，不像冰块那样一下子被溶解消失掉，这确实是有一番道理存在的呢。

文瑛好读书，又喜作诗，常和我们在一起(徒步云游)，大家称他为沧浪僧。

07. 劝　学(节选)

荀　子

【原文与译文】

1

君子曰:学不可以已。

君子说:学习不可以停止。

2

青,取之于蓝,而青于蓝;冰,水为之,而寒于水。

靛青,是从蓼蓝中提取的,但它比蓼蓝(的颜色)更青;冰,是由水凝冻成的,但它比水更冷。

木直中绳,鞣以为轮,其曲中规。

木材直得合乎拉直的墨线,(如果)给它加热使它弯曲做成车轮,(那么)它的弯度(就可以)合乎圆规。

虽有槁暴,不复挺者,鞣使之然也。

即使又晒干了,(木材)也不会再挺直,这是因为人工使它弯曲成这样。

故木受绳则直,金就砺则利,君子博学而日参省乎己,则知明而行无过矣。

所以木材经过墨线量过就笔直了,金属刀具在磨刀石上磨过就锋利了;君子广泛地学习而且每天对自己检查、省察,就智慧明达、行动没有错误了。

3

吾尝终日而思矣,不如须臾之所学也;吾尝跂而望矣,不如登高之博见也。

我曾经整日思索,(却)不如学习片刻(收获大);我曾经踮起脚眺望,(却)不如登上高处看得广阔。

登高而招,臂非加长也,而见者远;顺风而呼,声非加疾也,而闻者彰。

登到高处招手,手臂并没有加长,但远处的人也能看见;顺着风呼喊,声音并没有加大,但听的人会听得更清楚。

假舆马者,非利足也,而致千里;假舟楫者,非能水也,而绝江河。

借助车马的人,不是脚走得快,却能到达千里之外;借助船只的人,不是自己能游泳,却能横渡江河。

君子生非异也,善假于物也。

君子的资质秉性同一般人没有差别,(只是君子)善于借助外物罢了。

4

积土成山,风雨兴焉;积水成渊,蛟龙生焉;积善成德,而神明自得,圣心备焉。

堆积土石成了高山,风雨就从这里兴起;汇积水流成为深渊,蛟龙就在这里生长;积累善行形成良好的品德,因而就会得到最高的智慧,具备圣人的思想境界。

故不积跬步,无以至千里;不积小流,无以成江海。

所以不积累每一小步,就不能远达千里;不汇集细小的流水,就不能形成江河大海。

骐骥一跃,不能十步;驽马十驾,功在不舍。

骏马跳跃一次,不能有十步远;劣马拉车走十天(也能走得很远),它的成功在于不停止。

锲而舍之,朽木不折;锲而不舍,金石可镂。

拿刀具刻东西,中途停止,腐朽的木头也不能刻断;雕刻不停,金石也能被雕刻成功。

蚓无爪牙之利,筋骨之强,上食埃土,下饮黄泉,用心一也。

蚯蚓没有锋利的爪子和牙齿,强劲的筋骨,(却能)向上吃到泥土,向下喝到泉水,是因为它用心专一。

蟹六跪而二螯,非蛇鳝之穴无可寄托者,用心躁也。

螃蟹有六条腿,两只大钳,(然而)没有蛇鳝的洞穴就无处容身,是因为它用心浮躁(的缘故)。

【资料与背景】

一、作家作品

荀子(约前313—前238年),名况,字卿,当时人们尊称他为荀卿,战国后期赵国(今山西南部)人,著名的思想家、教育家、文学家,孔、孟之后的儒家大师,先秦儒家学派最后的代表,主张性恶论,强调环境和教育对人的影响,重视礼法的作用。曾游历齐、秦、楚等国,三为齐稷下(今山东临淄)学宫祭酒(学长、领袖)。后来到楚国,任兰陵(今山东枣庄)令,旋废。后居兰陵,著书终其一生。与其弟子撰成《荀子》一书。

《荀子》为荀况及其弟子所作,全书共20卷,现存文章32篇,内容涉及哲学、政治、军事、治学、立身和学术论辩等多个方面,全面反映了荀子的思想主张。文章论点明确,比喻丰富,逻辑严密,说理透彻,结构完整。《荀子》由《论语》《孟子》的语录体,发展为有标题的论文,是古代说理文进一步成熟的标志。《劝学》是其中的第一篇。

二、背景纵览

战国时期,奴隶制度进一步崩溃,封建制度逐步形成,历史经历着划时代的变革。许多思想家从不同的立场和角度出发,对当时的社会变革发表不同的主张,并逐渐形成墨家、儒家、道家和法家等不同的派别,历史上称之为"诸子百家"。诸子百家纷纷著书立说,宣传自己的主张,批评别人,出现了"百家争鸣"的局面。战国时期儒家的重要代表人物是孟子和荀子。孟子主张"性善论",宣扬"劳心者治人,劳力者治于人"的思想,为统治阶级辩护;而荀子却主张"性恶论",认为人定胜天,应该利用自然为人类服务。其门人韩非、李斯为战国末期法家的重要代表人物。

荀子五十岁游齐,曾三为稷下学宫祭酒。祭酒是学宫的最高长官。稷下学宫是齐国专设的求学讲学的机构,老师来自全国各地,学生来自四面八方,要求学生受业求学是祭酒考虑的重要问题,为此,荀子写下了著名的传世之作《劝学篇》。

【内容与特色】

一、内容简析

本文节选自《荀子·劝学》。《劝学》是《荀子》一书的首篇,节选部分以"学不可以已"为中心论点,通过大量的比喻论证和对比论证,着重论述了学习的重要意义、作用以及正确的学习方法和态度,勉励人们努力学习,强调学习是人们思考问题、认识事物的重要条件,只有通过学习,才能增长才干,完善自我,使自己超越前人,以成赫赫之功。

文章可以分为两个部分。

第一部分(第1自然段),提出中心论点:学不可以已。

第二部分(第2-4自然段),论证中心论点"学不可以已"。可分为两个层次:第一层(第2-3自然段),从学习的意义和作用两个角度论述学习为什么不能停止;第二层(第4自然段),从学习的方法和态度角度,论述怎样才能不停止学习。

二、写作特色

1. 比喻论证,形式多样。

本文用了约20个比喻论证中心论点和分论点,以大量生活中常见的现象作比,把抽象的道理说得明白、具体、生动、深入浅出。比喻的形式是多种多样的,有时用同类事物设喻,从相同的角度反复说明问题,强调作者的观点。如:登高而招,顺风而呼,假舆马,假舟楫,积土成山,积水成渊。有时将两种相反的情况组织在一起,形成鲜明的对照,让读者从中明白道理。如:骐骥与驽马的对照,朽木与金石的对照。设喻方式有时先反后正,有时先正后反,内容各有侧重,句式也多变化,读来毫无板滞之感。有的比喻,单说比喻把道理隐含其中,让读者思考。如:"青出于蓝""冰寒于水"。有的先设比喻,再引出道理。如:"登高而招,臂非加长也,而见者远""假舟楫者,非能水也,而绝江河"。有的先设比喻,引出道理后,再用另外的比喻进一步论证。如:先用"积土成山""积水成渊"设喻,引出"积善成德,而神明自得,圣心备焉"的道理,再用"不积跬步""不积小流"作进一步论证。

2. 对比论证,鲜明强烈。文中运用正反对比论证,如"积"与"不积"、"舍"与"不舍"、"心一"与"心躁"形成强烈的反衬,增强了文章的说服力。

【字词与句式】

一、字音

中(zhòng)绳　　　　揉(róu)　　　　槁(gǎo)暴(pù)　　　　就砺(lì)

参(cān)省(xǐng)　　须臾(yú)　　　　跂(qǐ)而望　　　　舟楫(jí)

跬(kuǐ)步　　　　骐(qí)骥(jì)　　　　驽(nú)马　　　　　锲(qiè)

金石可镂(lòu)　　　　鳌(áo)

二、字义

(1)君子曰:学不可以已:君子,这里指有道德、有学问的人。已,停止。

(2)木直中绳:中,符合。绳,木工用来取直的墨线。

(3)规:圆规,测圆的工具。

(4)槁暴:枯干。槁,枯。暴,同"曝",晒干。

(5)挺:直。

(6)就砺:拿到磨刀石上去磨。就,接近、靠近。砺,磨刀石。

(7)参省乎己:对自己检查、省察。参,参验、检验。省,省察。乎,介词,相当于"于"。

(8)须臾之所学:须臾,片刻。所学,所字结构,指学习的收获。

(9)跂而望:跂,踮起脚后跟站着。望,远望、远眺。

(10)见者远:意思是远处的人也能看见。

(11)声非加疾也,而闻者彰:疾,快、强,这里指声音宏大。彰,明显、清楚,这里指听得更清楚。

(12)假舆马者,非利足也,而致千里:舆,车厢,这里指车。利足,脚步快。致,达到。

(13)绝:横渡。

(14)善假于物:物,外物,指各种客观条件。

(15)风雨兴焉:兴,起。焉,兼词,"于之",在这里。

(16)神明自得:得,获得。

(17)故不积跬步,无以至千里:故,所以。跬,古代的半步,古代称跨出一脚为"跬",跨两脚为"步"。无以,没有用来……的(办法)。

(18)骐骥一跃,不能十步;驽马十驾,功在不舍:骐骥,骏马。驽马,劣马。驾,马拉车一天所走的路程叫"一驾"。

(19)锲而舍之,朽木不折;锲而不舍,金石可镂:锲,用刀雕刻。舍,停止、放弃。镂,原指在金属上雕刻,泛指雕刻。

(20)用心一也:用,以、因为。

三、文言现象

1.通假字

(1)輮以为轮("輮"通"煣",用火烤使木弯曲,使……弯曲)

(2)虽有槁暴("有"通"又",再;"暴"通"曝",晒干)

(3)知明而行无过("知"通"智",智慧)

(4)君子生非异也("生"通"性",资质、禀赋、秉性)

2.一词多义

于:

(1)青,取之于蓝(介词,从)

(2)青于蓝/寒于水(介词,比)

(3)善假于物也(介词,不译,引入动词"假"涉及的对象)

而:

(1)青,取之于蓝,而青于蓝/冰,水为之,而寒于水(连词,表转折)

(2)君子博学而日参省乎己(连词,表递进,而且)

(3)则知明而行无过矣(连词,表并列)

(4)终日而思矣/跂而望矣(连词,表修饰)

(5)登高而招(连词,表承接)

(6)臂非加长也,而见者远/声非加疾也,而闻者彰(连词,表转折)

(7)顺风而呼(连词,表修饰)

(8)……非利足也,而致千里/……非能水也,而绝江河(连词,表转折)

(9)积善成德,而神明自得,圣心备焉(连词,表因果,因而)

(10)锲而舍之,朽木不折(连词,表承接)

(11)锲而不舍,金石可镂(连词,表假设,如果)

(12)蟹六跪而二螯(连词,表并列)

生:

(1)君子生非异也(通"性",资质、禀赋、秉性)

(2)蛟龙生焉(长出、生长)

善:

(1)善假于物(善于)

(2)积善成德(善行、善事)

一:

(1)骐骥一跃(数词,表示最小的正整数)

(2)用心一也(形容词,专一)

焉:

(1)风雨兴焉/蛟龙生焉(兼词,"于之",在这里)

(2)圣心备焉(语气词)

3.古今异义词

(1)劝学(古义:劝勉、鼓励。今义:劝说、规劝。)

(2)学不可以已("可以",古义为可以让(它);今义为能够。"已",古义为停止;今义为已经)

(3)木直中绳(古义:木工用来取直的墨线。今义:绳子、绳索)

(4)金就砺则利("金",古义为指金属制的刀剑等;今义指黄金。"就",古义为接近、靠

拢;今义为立刻、马上)

(5)君子博学而日参省乎己("博学",古义:广博地学习,广泛地学习;今义:知识、学识的渊博。"参",古义:验、检查;今义:参加、参考)

(6)声非加疾也(古义:强。今义:疾病;快)

(7)假舆马者(古义:借助,利用。今义:与"真"相对)

(8)而绝江河("绝",古义为横渡;今义为断绝。"江河",古义为长江、黄河;今义为河流)

(9)圣心备焉(古义:思想。今义:心脏)

(10)驽马十驾(古义:马拉车一天所走的路程。今义:驾驶)

(11)蚓无爪牙之利(古义:爪子和牙齿。今义:坏人的党羽、帮凶)

(12)蟹六跪而二螯(古义:蟹脚。今义:跪下)

(13)用心一也(古义:因为用心。今义:读书用功或对某事肯动脑筋)

(14)非蛇鳝之穴无可寄托者(古义:容身,托身。今义:把感情、理想、希望等放在某人身上或某种事物上)

4. 词类活用

(1)名词用作动词

假舟楫者,非能水也(游水、游泳)

(2)名词用作状语

君子博学而日参省乎己(每天)

上食埃土,下饮黄泉(上,向上;下,向下)

(3)形容词用作名词

其曲中规(曲度、弯度)

不如登高之博见;登高而招(高处)

积善成德(善行、善事)

(4)形容词用作动词

故木受绳则直(变直)

(5)数词用作形容词

用心一也(专一)

(6)使动用法

𫐓以为轮;𫐓使之然也(使……弯曲)

假舆马者,非利足也(使……快,走得快)

5. 特殊句式

(1)倒装句

①定语后置句

蚓无爪牙之利,筋骨之强。即"蚓无利之爪牙,强之筋骨",蚯蚓没有锋利的爪牙,强劲的筋骨。

②介词结构后置句

青,取之于蓝,而青于蓝。即"青,于蓝取之,而于蓝青",靛青,是从蓼蓝中提取的,但它比蓼蓝(的颜色)更青。

冰,水为之,而寒于水。即"冰,水为之,而于水寒",冰,是由水凝冻成的,但它比水更冷。

君子博学而日参省乎己。即"君子博学而日乎己参省",君子广泛地学习而且每天对自己检查、省察。"乎"相当于"于"。

(2)判断句

虽有槁暴,不复挺者,𫐓使之然也。即使又晒干了,(木材)也不会再挺直,这是因为人工使它弯曲成这样。("……者,……也"表判断)

君子生非异也,善假于物也。君子的本性同一般人没有差别,(只是君子)善于借助外物罢了。("……也"表判断)

用心一也。是因为它用心专一。("……也"表判断)

蟹六跪而二螯,非蛇鳝之穴无可寄托者,用心躁也。螃蟹有六条腿,两只大钳,(然而)没有蛇鳝的洞穴就无处容身,是因为它用心浮躁(的缘故)。("……者,……也"表判断)

(3)被动句

锲而不舍,金石可镂。雕刻不停,金石也能被雕刻成功。

(4)省略句

𫐓以为轮。即"𫐓以(之)为轮",给它加热使它弯曲做成车轮。(省去介词"以"的宾语"之")

蟹六跪而二螯。即"蟹(有)六跪而二螯",螃蟹有六条腿和两只大钳。(省去谓语"有")

(5)固定格式

无以至千里——不能远达千里。(固定句式,"无以……"意为"没有用来……的办法")

【重点与难点】

一、单项选择题

1. 下列加点词解释有误的一项是(　　)。

A. 其曲中规(合乎,符合)　　　　　B. 假舆马者(假使)

C. 用心一也(以,因为)　　　　　　D. 而绝江河(横渡)

2. 下列各句中没有古今异义的一项是(　　)。

A. 君子博学　　　　　　　　　　B. 非蛇鳝之穴无可寄托者

C. 圣心备焉　　　　　　　　　　D. 不如须臾之所学也

3. 下列各句中没有词类活用的是(　　)。

A. 善假于物　　　　　　B. 輮使之然也
C. 登高而招　　　　　　D. 非能水也

二、阅读

4. 解释下列加点的词语。

(1) 君子生非异也

_____

(2) 故木受绳则直

_____

5. "蚓无爪牙之利,筋骨之强"是什么句式?

_____

6. 用现代汉语翻译下列句子。

(1) 青,取之于蓝,而青于蓝

_____

_____

(2) 锲而不舍,金石可镂

_____

_____

7. 本文的中心论点是什么?文章是从哪几个方面进行论证的?

_____

_____

_____

_____

【阅读与拓展】

《劝学》其他段落

故不登高山,不知天之高也;不临深溪,不知地之厚也;不闻先王之遗言,不知学问之大也。干、越、夷、貉之子,生而同声,长而异俗,教使之然也。

译　文:

所以,不登上高山,就不知天多么高;不面临深涧,就不知道地多么厚;不懂得先代帝王的遗教,就不知道学问的博大。干、越、夷、貉之人,刚生下来啼哭的声音是一样,而长大后风俗习惯却不相同,这是教育使之如此。

是故无冥冥之志者,无昭昭之明;无惛惛之事者,无赫赫之功。行衢道者不至,事两君者不容。目不能两视而明,耳不能两听而聪。

译　文：

因此没有刻苦钻研的心志,学习上就不会有显著成绩;没有埋头苦干的实践,事业上就不会有巨大成就。在歧路上行走达不到目的地,同时事奉两个君主的人,两方都不会容忍他。眼睛不能同时看两样东西而看明白,耳朵不能同时听两种声音而听清楚。

君子之学也,入乎耳,着乎心,布乎四体,形乎动静。端而言,蝡而动,一可以为法则。小人之学也,入乎耳,出乎口;口耳之间则四寸耳,曷足以美七尺之躯哉!

译　文：

君子学习,是听在耳里,记在心里,表现在威仪的举止和符合礼仪的行动上。一举一动,哪怕是极细微的言行,都可以垂范于人。小人学习是从耳听从嘴出,口和耳之间相距不过四寸而已,怎么能够完美他的七尺之躯呢?

师旷劝学
【刘向】

晋平公问于师旷曰:"吾年七十,欲学,恐已暮矣!"师旷曰:"何不炳烛乎?"平公曰:"安有为人臣而戏其君乎?"

译　文：

晋国的平公(国王)问师旷(人名)道:"我年纪七十岁了,想学习,恐怕已经老了吧!"师旷说:"干吗不点燃蜡烛呢?"平公说:"哪有做臣子的戏弄他的君王的呢?"

师旷曰:"盲臣安敢戏其君乎!臣闻之:'少而好学,如日出之阳;壮而好学,如日中之光;老而好学,如炳烛之明。'炳烛之明,孰与昧行乎?"公曰:"善哉!"

译　文：

师旷说:"瞎眼的臣子(我)怎么敢戏弄我的君王啊!我听说:'少年的时候好学,就如同日出时的阳光;壮年的时候好学,就如同太阳在中午时的光明;老年的时候好学,就如同点亮蜡烛的光亮。'点亮了蜡烛的光亮,和黑暗中行走哪个更好呢?"平公说:"对啊!"

孙权劝学
【司马光】

初,权谓吕蒙曰:"卿今当涂掌事,不可不学!"蒙辞以军中多务。权曰:"孤岂欲卿治经为博士邪!但当涉猎,见往事耳。卿言多务,孰若孤?孤常读书,自以为大有所益。"蒙乃始就学。

译　文：

当初,吴王孙权对大将吕蒙说:"你现在当权掌管政事,不可以不学习!"吕蒙以军营中事务繁多为理由加以推辞。孙权说:"我难道是想要你钻研经史典籍而成为学问渊博的学者吗?只是应当广泛地学习知识,了解历史(罢了)。你说(军中)要处理许多事务,哪一个比得上我

(处理的事务多)呢？我常常读书,自己认为(读书对我)有很大的好处。"吕蒙于是就开始学习。

及鲁肃过寻阳,与蒙论议,大惊曰:"卿今者才略,非复吴下阿蒙!"蒙曰:"士别三日,即更刮目相待,大兄何见事之晚乎!"肃遂拜蒙母,结友而别。

译　文:

等到鲁肃路过寻阳,与吕蒙研讨论说天下大事,(鲁肃听到吕蒙的见解后)非常惊奇地说:"你如今的才干和谋略,已不再是过去的东吴吕蒙可相比的了!"吕蒙说:"(对于读书的人)分别了数日后,就应当擦亮眼睛重新看待(他的才能),老兄你为什么看到事物的变化这么晚呢!"于是鲁肃拜见吕蒙的母亲,与吕蒙结为好友才告别而去。

08. 过秦论

贾 谊

【原文与译文】

1

秦孝公据崤函之固,拥雍州之地,君臣固守以窥周室,有席卷天下,包举宇内,囊括四海之意,并吞八荒之心。

秦孝公占据崤山和函谷关的险固地势,拥有雍州的地方,君臣牢固地守卫着,借以窥视周王室(的权力),有席卷天下、征服九州、横扫四海的意图和并吞八方荒远之地的雄心。

当是时也,商君佐之,内立法度,务耕织,修守战之具,外连衡而斗诸侯。

在那时候,(有)商鞅辅佐孝公,对内建立法规制度,致力于耕种纺织,修造防守和进攻的器械;对外实行连横策略,使山东诸侯自相争斗。

于是秦人拱手而取西河之外。

这样,秦人毫不费力地夺取了黄河以西的土地。

2

孝公既没,惠文、武、昭襄蒙故业,因遗策,南取汉中,西举巴、蜀,东割膏腴之地,北收要害之郡。

孝公死后,惠文王、武王、昭襄王(先后)继承已有的基业,沿袭前代的策略,向南攻取汉中,向西吞并巴、蜀,向东割取了肥沃的地盘,向北占领地势险要的郡邑。

诸侯恐惧,会盟而谋弱秦,不爱珍器重宝肥饶之地,以致天下之士,合从缔交,相与为一。

诸侯恐慌害怕,集会结盟,谋求削弱秦国的办法,(他们)不惜用奇珍贵重的器物和肥沃富饶的土地,来招纳天下的志士能人,采用合纵的策略缔结盟约,互相援助,结为一个整体。

当此之时,齐有孟尝,赵有平原,楚有春申,魏有信陵。

在这个时候,齐国有孟尝君,赵国有平原君,楚国有春申君,魏国有信陵君。

此四君者,皆明智而忠信,宽厚而爱人,尊贤而重士,约从离衡,兼韩、魏、燕、楚、齐、赵、宋、卫、中山之众。

这四位公子,都很聪明,有智谋,心地诚而讲信义,待人宽厚,对贤能之士很敬重,(他们)以合纵之约击破秦的连横之策,将韩、魏、燕、楚、齐、赵、宋、卫、中山的部队结成联军。

于是六国之士,有宁越、徐尚、苏秦、杜赫之属为之谋;齐明、周最、陈轸、召滑、楼缓、翟景、苏厉、乐毅之徒通其意;吴起、孙膑、带佗、倪良、王廖、田忌、廉颇、赵奢之伦制其兵。

在这时,六国的谋士,有宁越、徐尚、苏秦、杜赫等人替他们谋划;有齐明、周最、陈轸、召滑、楼缓、翟景、苏厉、乐毅等人(为各国)沟通意见;有吴起、孙膑、带佗、倪良、王廖、田忌、廉颇、赵奢等人统率他们的军队。

尝以十倍之地,百万之众,叩关而攻秦。

他们曾经凭借十倍于秦的土地,率领百万大军,逼近函谷关去攻打秦国。

秦人开关延敌,九国之师,逡巡而不敢进。

秦人大开关门引敌深入,九国的军队,徘徊着不敢前进。

秦无亡矢遗镞之费,而天下诸侯已困矣。

秦人没有损失一支箭那样的消耗,各国的诸侯(却)已陷入狼狈不堪的境地了。

于是从散约败,争割地而赂秦。

于是合纵解散、盟约破坏,各国争着割让土地来贿赂秦国。

秦有余力而制其弊,追亡逐北,伏尸百万,流血漂橹;因利乘便,宰割天下,分裂山河。

秦国有充足的力量来制服各国诸侯的弱点,追逐(九国)败逃的军队,被杀死的士卒有一百万,流淌的血可以使盾牌漂浮起来;(秦人)趁着这有利的形势和便利的条件,割取天下的土地,(重新)划分山河的区域。

强国请服,弱国入朝。

诸侯国中的强国主动表示屈服,弱国前来秦国朝拜。

延及孝文王、庄襄王,享国之日浅,国家无事。

待到孝文王、庄襄王依次继位,他们统治的时间不长,秦国没有发生什么大事。

及至始皇,奋六世之余烈,振长策而御宇内,吞二周而亡诸侯,履至尊而制六合,执敲扑而鞭笞天下,威振四海。

到秦始皇的时候,他发展了前六代君王遗留下来的功业,挥动着长鞭来驾驭全中国,吞并了西周、东周,灭掉了各诸侯国,登上最尊贵的宝座来统治天下,用残酷的刑罚来奴役天下的百姓,威势震慑四海。

南取百越之地,以为桂林、象郡;百越之君,俯首系颈,委命下吏。

向南攻取了百越的土地,把它划为桂林郡和象郡;百越的君主,低着头、颈上捆着绳子(投降),听命于秦国的下级官吏。

乃使蒙恬北筑长城而守藩篱,却匈奴七百余里;胡人不敢南下而牧马,士不敢弯弓而报怨。

(秦始皇)还派大将军蒙恬到北方筑起长城守卫边境,击退匈奴七百多里;胡人(再)不敢到南方来牧马,他们的士兵不敢拉弓射箭来报仇。

于是废先王之道,焚百家之言,以愚黔首;隳名城,杀豪杰;收天下之兵,聚之咸阳,销锋镝,铸以为金人十二,以弱天下之民。

于是这时候(秦始皇)废除古代帝王的治国方法,焚烧各学派的著作,为的是使百姓变得愚蠢;毁坏著名的城堡,杀害英雄豪杰;收缴天下的兵器,集中在咸阳,销熔这些刀箭,用它铸造成十二个铜人,来削弱天下老百姓的反抗力量。

然后践华为城,因河为池,据亿丈之城,临不测之渊,以为固。

然后凭借华山作为城墙,借用黄河作为护城河,依靠亿丈高的华山,对着深不可测的黄河,把这作为坚固的屏障。

良将劲弩守要害之处,信臣精卒陈利兵而谁何。

优秀的将领手执强劲有力的弓弩守卫着要害的地方;可靠的官员、精锐的士兵拿着锋利的武器,盘问过往行人。

天下已定,始皇之心,自以为关中之固,金城千里,子孙帝王万世之业也。

天下已经平定,秦始皇的心里自以为函谷关中地势险固,千里长的城郭就像铜墙铁壁,正是子子孙孙称帝称王的万世不朽的基业。

4

始皇既没,余威震于殊俗。

秦始皇死后,他的余威(依然)震慑着边远的地方。

然而陈涉,瓮牖绳枢之子,氓隶之人,而迁徙之徒也;

可是,陈涉不过是一个用破瓮做窗户、用草绳系门枢的贫家子弟,是一个耕田做奴隶的人,而且是一个被征调往渔阳守边的人;

才能不及中人,非有仲尼、墨翟之贤,陶朱、猗顿之富;

(他的)才能比不上平常人,没有孔子、墨子那样的才能贤德,也不像陶朱、猗顿那样的富有;

蹑足行伍之间,而倔起阡陌之中,率疲弊之卒,将数百之众,转而攻秦;

(他)置身于戍卒的队伍中,却从田野间突然奋起发难,率领疲惫困乏的士卒,指挥着几百人的队伍,调转头来进攻秦朝;

斩木为兵,揭竿为旗,天下云集响应,赢粮而景从。

(他们)砍下树木做武器,举起竹竿当旗帜,天下百姓像云那样集合起来,像回声那样应声而起,担着粮食,如影随形那样紧紧跟着陈涉起义。

山东豪俊遂并起而亡秦族矣。

崤山以东的英雄豪杰于是一起行动起来,就把秦朝的统治推翻了。

5

且夫天下非小弱也,雍州之地,崤函之固,自若也。

(可以断言,)一统天下的(秦王朝)并没有变小变弱啊,雍州的地势,崤山函谷关的险固,仍然像从前那样啊。

陈涉之位,非尊于齐、楚、燕、赵、韩、魏、宋、卫、中山之君也;

陈涉的地位,并不比齐、楚、燕、赵、韩、魏、宋、卫、中山九国的君王更尊贵;

锄耰棘矜,非铦于钩戟长铩也;

锄头木棍一类的东西,并不比钩戟长矛更锋利;

谪戍之众,非抗于九国之师也;

被征发守卫边塞的戍卒,其作战能力并不比九国的军队更强;

深谋远虑,行军用兵之道,非及向时之士也。

(至于)深远的谋划,行军作战的策略,也比不上从前的那些九国的武将谋臣。

然而成败异变,功业相反也。

但是陈涉和九国之师的成功与失败却有不同,功业(也)完全相反。

试使山东之国与陈涉度长絜大,比权量力,则不可同年而语矣。

假使拿崤山以东的各国与陈涉比一比长短大小,量一量权势力量,那更不能相提并论了。

然秦以区区之地,致万乘之势,序八州而朝同列,百有余年矣;

但是秦国凭借着不大的地方,发展到兵车万乘的国势,使八州重新排列,使同等的六国诸侯都来朝拜,已有一百多年历史了;

然后以六合之家,崤函为宫;

然后把天下作为家,把崤山、函谷关作为内宫;

一夫作难而七庙隳,身死人手,为天下笑者,何也?

然而一个戍卒发难就毁掉了天子七庙,皇子皇孙都死在人家手里,被天下人耻笑,是什么原因呢?

仁义不施而攻守之势异也。

(就因为秦朝的统治者)不施行仁义而使攻守的形势发生了变化啊。

【资料与背景】

一、作家作品

贾谊(前200—前168年),世称贾生,西汉洛阳(现在河南洛阳)人。西汉杰出的政论家、文学家。政治思想上基本属于儒家一派。18岁即有才名,20岁被汉文帝召为博士,不到一年被破格提为太中大夫。因主张改革政治,遭群臣忌恨,23岁时被贬为长沙王太傅。四年后复召回朝,转任梁怀王太傅。梁怀王坠马而死,贾谊"自伤为傅无状",一年后抑郁而亡,年仅33岁。他的为人,很为司马迁推崇,司马迁把他和不同时代的屈原相提并论,撰写了《屈原贾生列传》。

贾谊是史论的开创者。其著作主要有辞赋和散文两类:辞赋以《吊屈原赋》《鵩鸟赋》最为著名;所写政论散文《过秦论》《陈政事疏》《论积贮疏》等,观察敏锐,分析透辟,言辞激切,气势磅礴,代表汉初政论散文的最高成就,鲁迅誉之为"西汉鸿文"。

《新书》又称《贾子》,是贾谊的政论文集,为西汉后期刘向整理编辑而成,集中反映了贾谊的政治经济思想。《新书》开篇即为著名的《过秦论》,总结了秦朝灭亡的历史教训,分上、中、下三篇,这里选的是上篇。

二、背景纵览

战国时代,随着宗法制度的解体,各国竞相改革。秦国的商鞅变法最为彻底,功效卓著,秦国空前强大起来,于是以秦统一六国为主线的多年兼并战争开始了。如齐魏马陵之战,秦赵长平之战,等等,连年征战给人民带来了极大的灾难。最后秦终于在公元前221年兼并了六国。

秦统一天下之后,对百姓横征暴敛,滥施严刑苛法;对异族大肆兴伐。它的暴政给人民带来了极大的灾难,民怨沸腾,终于在秦二世元年(公元前209年)爆发了陈胜吴广起义。随着人民起义的风起云涌,中国历史上第一个统一王朝也是历史上最短(16年)的王朝很快就灭亡了。

汉文帝时期,是汉代所谓的"太平盛世",即"文景之治"的前期。这时,由于秦末衰敝的社会经济的恢复和发展,人民生活相对安定,社会呈现出繁荣的景象。但贾谊仍以他敏锐的洞察力,透过表象,看到了西汉王朝潜伏的危机。当时,权贵豪门大量侵吞农民土地,逼使农民破产流亡,苛重的压迫剥削和酷虐的刑罚,也使阶级矛盾日渐激化。国内封建割据与中央集权的矛盾、统治阶级与劳动人民的矛盾以及民族之间的矛盾都日益加剧,统治者的地位有动摇的危险。

为了调和各种矛盾,使西汉王朝长治久安,贾谊极力主张施行仁政,曾多次上疏,阐述自己的政治主张。本文就是以劝诫的口气,从总结历史经验教训的角度出发,分析了秦王朝政治的成败得失,委婉地批评了当时的政治,为汉文帝改革提供借鉴。在谈到写作目的时,贾谊说过他之所以要"观之上古,验之当世,参以人事,察盛衰之理,审权势之宜",主张"去就有序,变化因时",其目的是求得"旷日长久,而社稷安矣"(下篇)。《过秦论》总结秦朝兴亡的教训,实为昭汉之过。

【内容与特色】

一、内容简析

这是一篇议论秦政过失的史论,作者详尽地叙述了秦王朝的兴起、发展、统一和衰亡的过程,深刻地指出秦王朝迅速灭亡的原因是"仁义不施而攻守之势异也"。作者的写作意图是借"过秦"以"诫汉",讽谏汉文帝以此为鉴,施行仁政,缓和矛盾,用以维护并巩固西汉的封建统治政权。

文章可以分为两部分。

第一部分(第1—4自然段),先叙史事,叙述秦王朝的兴亡。

第二部分(第5自然段),再发议论,阐述秦王朝迅速灭亡的原因。

二、写作特色

1. 以史实为论据,用观点统率材料。

要论述清楚秦亡的原因是统治者"不施仁义",最有力的论据莫过于秦自身的事实。所以文章不惜使用大量的篇幅先叙述秦100多年的兴亡史。述史是议论的依据,议论是述史的升华。

2. 对比论证,说服有力。

此文最突出的写作手法就是对比的运用。为了使文章主旨鲜明显豁,具有无可辩驳的说服力,作者无论在叙述还是议论时,都采用了带有夸张意味的对比手法,使矛盾更为突出,观点更见鲜明,从而突出文章的中心论点。这里有三个方面的对比。

一是九国与秦的对比。文章在叙述惠文、武、昭襄的业绩时,以诸侯军队之众、谋士之多、土地之广等作比较,并列举国名、人名。与秦抗衡的六国,地广、人多、俊才云集,且"合纵缔交,相与为一",似乎万众一心。但结果却是"秦无亡矢遗镞之费,而天下诸侯已困矣""从散约败""强国请服,弱国入朝",这样夸张的对比,足以衬托出秦国实力之强。这第一层对比是极强者与较强者的对比,形成反差。

二是陈涉与秦王朝的对比。文章叙述始皇统一中国的功业与陈涉以一介戍卒率众起义的情景,确是又一个强烈的对比。虽然"始皇既没",但陈涉面对的仍是"余威震于殊俗"的强大秦王朝。而作者极写陈涉穷困平庸,出身卑贱,才能平平,无钱无势,士卒稀少而疲敝,更无装备可言。但他一旦揭竿而起,"天下云集响应,赢粮而景从",影响所及,"山东豪俊遂并起",以致显赫一时的强秦亡于一朝。这第二层对比是极强者与极弱者的对比,形成的反差较前更为强烈。

三是陈涉与九国的对比。文章在末尾议论中,将陈涉的起义与诸侯国合纵抗秦作了多层次、多角度的对比。一比地位,"陈涉之位,非尊于齐、楚、燕、赵、韩、魏、宋、卫、中山之君也"。二比武器,"耰棘矜,非铦于钩戟长铩"。三比士卒"谪戍之众,非抗于九国之师"。四比谋略"深谋远虑,行军用兵之道,非及向时之士也"。陈涉不论在哪个方面与诸侯比较都要差很多,可正是他率领戍卒打败了强大的秦朝。这正好从侧面反映出秦朝灭亡,问题不在对手,而在于本身。

3. 语言有辞赋特色,讲究铺排渲染。

《过秦论》兼及辞赋的文采辉耀、语势腾纵和政论的见解精辟、雄辩有力,以汪洋恣肆之文表拯世救民之意,成为一篇别具一格的政论。语言上明显带有赋的特色,讲究铺排渲染,例如开头写秦孝公的雄心,连用"席卷天下""包举宇内""囊括四海""并吞八荒"等四个短语;中间写九国之师攻秦,四君、九国、谋臣、策士、武将,一一列名,显得很有气势。行文多用骈偶,朗朗上口。如"振长策而御宇内,吞二周而亡诸侯,履至尊而制六合,执敲扑而鞭笞天下",读起来铿锵有声。它的骈偶非常灵活,有时字数不尽相等,有时骈语包含在散句之中,如"然后践华为城,因河为池,据亿丈之城,临不测之渊,以为固"。句式变化多端,不显单调。

【字词与句式】

一、字音

崤(xiáo)函　　　　　孝公既没(mò)　　　　合从(zòng)
陈轸(zhěn)　　　　　召(shào)滑(gǔ)　　　　翟(zhái)景
乐(yuè)毅　　　　　孙膑(bìn)　　　　　　逡(qūn)巡(xún)
遗镞(zú)　　　　　　鞭笞(chī)　　　　　　藩(fān)篱
黔(qián)首　　　　　隳(huī)　　　　　　　销锋镝(dí)
劲弩(nǔ)　　　　　　瓮牖(yǒu)绳枢　　　　氓(méng)隶
墨翟(dí)　　　　　　猗(yī)顿　　　　　　　锄耰(yōu)棘矜(qín)
铦(xiān)　　　　　　长铩(shā)　　　　　　谪(zhé)戍(shù)

度(duó)长絜(xié)大　　万乘(shèng)之势　　　　一夫作难(nàn)

二、字义

(1)过秦:指出秦的过失。过,这里是动词。

(2)蒙故业,因遗策:蒙,受、承受。遗策,遗留下来的策略。

(3)以致天下之士:致,招纳。

(4)叩关:攻打函谷关。叩,击。

(5)逡巡:有所顾虑而徘徊或不敢前进。叠韵关系的联绵词。

(6)制其弊:弊,困乏、疲惫。

(7)振长策而御宇内:意思是用武力来统治各国。振,挥动。策,马鞭子。御,驾驭、统治。

(8)执敲扑而鞭笞天下:用严酷的刑罚来奴役天下的百姓。敲扑,刑具,短的叫"敲",长的叫"扑"。

(9)藩篱:篱笆。比喻边疆上的屏障。

(10)百家之言:各学派的著作。言,言论,这里指著作。

(11)隳名城:隳,毁坏。

(12)销锋镝:销毁兵器。锋,兵刃。镝,箭头。

(13)践华为城:践,踏,引申为凭借。

(14)金城:坚固的城池。金,比喻坚固。

(15)氓隶:农村下层民众。氓,耕田的人。隶,身份低贱的人。

(16)中人:一般的人,平常的人。

(17)揭竿为旗:揭,举。

(18)锄櫌棘矜,非铦于钩戟长铩也:农具木棍不比钩戟长矛锋利。锄櫌,古时的农具。棘矜,用酸枣木做的棍子。棘,酸枣木。这里的意思是农民军的武器,只有农具和木棍。铦,锋利。钩,短兵器,似剑而曲。戟,以戈和矛合为一体的长柄兵器。铩,长矛。

(19)度长絜大:量量长(短),比比大(小)。絜,衡量。

(20)一夫作难:指陈涉起义。作难,发难,发起反抗。

三、文言现象

1.通假字

(1)外连衡而斗诸侯("衡"通"横",连横,战国时期秦国离间六国,各个击破的策略)

(2)孝公既没("没"通"殁",死)

(3)合从缔交("从"通"纵",合纵,战国时期六国联合共同对付秦国的策略)

(4)陈利兵而谁何("何"通"呵",大声呵斥)

(5)倔起阡陌("倔"通"崛",突出,举起)

(6)赢粮而景从("景"通"影")

(7)百有余年("有"通"又",用在整数和零数之间)

2. 一词多义

固：

(1)秦孝公据崤函之固(险固的地势)

(2)君臣固守以窥周室(牢固)

举：

(1)包举宇内(包起)

(2)西举巴、蜀(攻取)

因：

(1)蒙故业,因遗策(沿袭,遵循)

(2)因利乘便,宰割天下(趁着)

(3)……践华为城,因河为池(凭借)

爱：

(1)不爱珍器重宝肥饶之地(吝惜)

(2)皆明智而忠信,宽厚而爱人(爱护)

制：

(1)……廉颇、赵奢之伦制其兵(统率)

(2)秦有余力而制其弊(制服)

(3)履至尊而制六合(控制)

兵：

(1)……廉颇、赵奢之伦制其兵(军队)

(2)收天下之兵(兵器)

(3)陈利兵而谁何(兵器)

延：

(1)秦人开关延敌(引进,迎接)

(2)延至孝文王(延长,延续)

亡：

(1)秦无亡矢遗镞之费(丢失)

(2)追亡逐北,伏尸百万(逃跑的军队)

(3)吞二周而亡诸侯(灭亡)

约：

(1)约从离衡(约定)

(2)从散约败(盟约)

3. 古今异义词

(1)于是秦人拱手而取西河之外(古义：黄河。今义：水道的通称。)

(2)不爱珍器重宝肥饶之地(古义:吝惜。今义:爱惜、爱护、喜欢。)

(3)以致天下之士(古义:用来招纳。今义:连词,用在下半句的开头,表示下文是上述原因所形成的结果,而这种结果多指不好的结果。)

(4)流血漂橹(古义:盾牌。今义:指外形似桨的一种用人力使船前进的工具。)

(5)分裂山河(古义:划分。今义:整体事物的分开或使整体的事物分开。)

(6)享国之日浅,国家无事(古义:指诸侯封地(诸侯国)和大夫封地(家)。今义:一个国家的整个区域(全国)。)

(7)以为桂林、象郡(古义:把……作为,把……做成。今义:认为。)

(8)因河为池(古义:护城河。今义:池塘。)

(9)赢粮而景从(古义:担负,背负。今义:胜或获得。)

(10)山东豪俊遂并起而亡秦族矣(古义:崤山以东,即东方诸国。今义:指山东省。)

4.词类活用

(1)名词用作动词

履至尊而制六合(登上)

子孙帝王万世之业也(称帝称王)

瓮牖绳枢(牖,当作窗户;枢,当作门轴)

将数百之众(带领)

序八州而朝同列(按次序排列)

(2)名词用作状语

有席卷天下,包举宇内,囊括四海之意(席,像席子一样;包,像包裹一样;囊,像口袋一样)

内立法度,……外连衡而斗诸侯(内,对内;外,对外)

南取汉中,西举巴、蜀,东割膏腴之地,北收要害之郡(南,向南;西,向西;东,向东;北,向北)

南取百越之地(向南)

北筑长城而守藩篱(在北方)

瓮牖绳枢(瓮,用破瓮;绳,用绳子)

天下云集响应,赢粮而景从(云,像云一样;响,像回声一样;景,像影子一样)

(3)动词用作名词

追亡逐北(逃走的军队)

(4)形容词用作名词

秦孝公据崤函之固(险固的地势)

尊贤而重士(贤能的人)

因利乘便(利,有利的形势;便,便利的条件)

奋六世之余烈(功业)

(5)形容词用作动词

且夫天下非小弱也(小,变小;弱,变弱)

(6)使动用法

外连衡而斗诸侯(使……相斗)

会盟而谋弱秦(使……弱,削弱)

约从离衡(使……离散)

却匈奴七百余里(使……退却)

以愚黔首(使……愚昧)

序八州而朝同列(使……朝拜)

5. 特殊句式

(1)倒装句

① 宾语前置句

陈利兵而谁何。即"陈利兵而何谁",拿着锋利的兵器呵问他是谁。(疑问句中疑问词作宾语)

雍州之地,崤函之固,自若也。"自若"即"若自"。雍州的地势,崤山函谷关的险固,仍然像从前那样啊。

仁义不施而攻守之势异也。"仁义不施"即"不施仁义",(就因为)不施行仁义而使攻守的形势发生了变化啊。

② 定语后置句

伏尸百万。即"百万伏尸",无数尸体横卧。(中心词+数量词)

铸以为金人十二。"金人十二"即"十二金人"。用它铸造成十二个铜人。(中心词+数量词)

③ 介词结构后置句

余威震于殊俗。即"余威于殊俗震",他的余威(依然)对边远的地方(有着)震慑。

陈涉之位,非尊于齐、楚、……中山之君也。即"陈涉之位,非于齐、楚、……中山之君尊也",陈涉的地位,并不比齐、楚、……中山九国的君王更尊贵。

锄耰棘矜,非铦于钩戟长铩也。即"锄耰棘矜,非于钩戟长铩铦也",锄头木棍一类的东西,并不比钩戟长矛更锋利。

谪戍之众,非抗于九国之师也。即"谪戍之众,非于九国之师抗也",被征发守卫边塞的戍卒(的作战能力),并不比九国的军队更强。

(2)判断句

此四君者,皆明智而忠信,宽厚而爱人,尊贤而重士——这四位封君,都见事明,有智谋,心地诚而讲信义,待人宽厚,对贤能之士很敬重。(……者,表判断)

关中之固,金城千里,子孙帝王万世之业也——函谷关中地势险固,千里长的城郭就像铜

墙铁壁,正是子子孙孙称帝称王的万世不朽的基业。(……也,表判断)

然陈涉瓮牖绳枢之子,氓隶之人,而迁徙之徒也——可是,陈涉不过是一个用破瓮做窗户、用草绳系门枢的贫家子弟,是一个耕田做奴隶的人,而且是一个被征调往渔阳守边的人。(……也,表判断)

且夫天下非小弱也——(可以断言,)一统天下的(秦王朝)并没有变小变弱啊。(用"非"表否定判断)

(3)被动句

谪戍之众——被征发守卫边塞的戍卒。

一夫作难而七庙隳——然而一个戍卒发难,天子七庙就被毁掉了。

身死人手,为天下笑者——皇子皇孙都死在人家手里,被天下人耻笑。(用"为"表被动)

(4)省略句

商君佐之,内立法度——在那时候,(有)商鞅辅佐他,(秦孝公)对内建立法规制度。(省主语)

以为桂林、象郡——即"以(之)为桂林、象郡",把它划为桂林郡和象郡。(省介词宾语)

委命下吏——即"委命(于)下吏",(把)性命托付给秦国的下级官吏(处理)。(省介词)

聚之咸阳——即"聚之(于)咸阳",集中在咸阳。(省介词)

倔起阡陌之中——即"倔起(于)阡陌之中",从田野间突然奋起发难。(省介词)

【重点与难点】

一、单项选择题

1. 下列加点字的注音和解释全都正确的一项是(　　)。

A. 销锋镝,铸以为金人十二。　　镝(dí):箭。

B. 九国之师,逡巡而不敢进。　　逡巡(qūn xún):有所顾虑而徘徊或不敢前进。

C. 度长絜大,比权量力　　絜(qì):衡量。

D. 瓮牖绳枢之子,氓隶之人　　氓(máng):低贱的人。

2. 下列加点的词不全是古今异义的一项是(　　)。

A. 享国之日浅,国家无事　　流血漂橹

B. 不爱珍器重宝肥饶之地　　以致天下之士

C. 山东豪俊遂并起而亡秦族矣　　赢粮而景从

D. 于是秦人拱手而取西河之外　　分裂山河

3. 对下列各句中加点词的用法归类正确的一项是(　　)。

①外连衡而斗诸侯　　②尊贤而重士

③约从离衡　　④履至尊而制六合

⑤天下云集响应　　　　　⑥因利乘便
⑦且夫天下非小弱也　　　⑧追亡逐北
A.①③/②⑥/④/⑤/⑦/⑧　　B.①③/②⑦/④⑤⑧/⑥
C.①④/②/③⑧/⑤/⑥⑦　　D.①/②⑥/③⑤/④⑧/⑦

二、阅读

4. 解释下列加点的词语。
(1) 然后践华为城,因河为池

(2) 倔起阡陌之中

5. "以为桂林、象郡"是什么句式？

6. 用现代汉语翻译下列句子。
(1) 收天下之兵,聚之咸阳,销锋镝,铸以为金人十二,以弱天下之民。

(2) 仁义不施而攻守之势异也。

7. 作者从哪几方面将陈涉与九国之师作比较？阐述了什么道理？

【阅读与拓展】

过秦论(中)

【贾谊】

秦灭周祀,并海内,兼诸侯,南面称帝,以养四海。天下之士,斐然向风。若是者,何也？曰:近古之无王者久矣。周室卑微,五霸既灭,令不行于天下。是以诸侯力政,强凌弱,众暴寡,兵革不休,士民罢弊。今秦南面而王天下,是上有天子也。既元元之民冀得安其性命,莫不虚心而仰上。当此之时,专威定功,安危之本,在于此矣。

秦王怀贪鄙之心,行自奋之智,不信功臣,不亲士民,废王道而立私爱,焚文书而酷刑法,先诈力而后仁义,以暴虐为天下始。夫兼并者高诈力,安危者贵顺权,此言取与守不同术也。秦离战国而王天下,其道不易,其政不改,是其所以取之也。孤独而有之,故其亡可立而待也。借使秦王论上世之事,并殷、周之迹,以制御其政,后虽有淫骄之主,犹未有倾危之患也。故三王之建天下,名号显美,功业长久。

今秦二世立,天下莫不引领而观其政。夫寒者利裋褐,而饥者甘糟糠。天下嚣嚣,新主之资也。此言劳民之易为仁也。向使二世有庸主之行而任忠贤,臣主一心而忧海内之患,缟素而正先帝之过;裂地分民以封功臣之后,建国立君以礼天下;虚囹圄而免刑戮,去收孥污秽之罪,使各反其乡里;发仓廪,散财币,以振孤独穷困之士;轻赋少事,以佐百姓之急;约法省刑,以持其后,使天下之人皆得自新,更节修行,各慎其身;塞万民之望,而以盛德与天下,天下息矣。即四海之内皆欢然各自安乐其处,唯恐有变。虽有狡害之民,无离上之心,则不轨之臣无以饰其智,而暴乱之奸弭矣。

二世不行此术,而重以无道:坏宗庙与民,更始作阿房之宫;繁刑严诛,吏治刻深;赏罚不当,赋敛无度。天下多事,吏不能纪;百姓困穷,而主不收恤。然后奸伪并起,而上下相遁;蒙罪者众,刑戮相望于道,而天下苦之。自群卿以下至于众庶,人怀自危之心,亲处穷苦之实,咸不安其位,故易动也。是以陈涉不用汤、武之贤,不借公侯之尊,奋臂于大泽,而天下响应者,其民危也。

故先王者,见终始不变,知存亡之由。是以牧民之道,务在安之而已矣。下虽有逆行之臣,必无响应之助。故曰:"安民可与为义,而危民易与为非",此之谓也。贵为天子,富有四海,身在于戮者,正之非也。是二世之过也。

译 文:

秦统一天下,吞并诸侯,临朝称帝,供养四海,天下的士人顺服地慕风向往,为什么会像这样呢?回答是:近古以来没有统一天下的帝王已经很久了。周王室力量微弱,五霸相继死去以后,天子的命令不能通行天下,因此诸侯凭着武力相征伐,强大的侵略弱小的,人多的欺凌人少的,战事不止,军民疲惫。现在秦皇称帝统治了天下,这就是在上有了天子啊。这样一来,那些可怜的百姓就都希望能靠他安身活命,没有谁不诚心景仰皇上,在这个时候,应该保住威权,稳定功业,是安定,是危败,关键就在于此了。

秦王怀着贪婪卑鄙之心,只想施展他个人的智慧,不信任功臣,不亲近士民,抛弃仁政王道,树立个人权威,禁除诗书古籍,实行严刑酷法,把诡诈权势放在前头,把仁德信义丢在后头,把残暴苛虐作为治理天下的前提。(战时)实行兼并,要重视诡诈和实力;(战后)安定国家,要重视顺时权变:这就是说夺天下和保天下不能用同样的方法。秦经历了战国到统一天下,它的路线没有改,它的政令没有变,这是它夺天下和保天下所用的方法没有不同。秦王孤身无辅却拥有天下,所以他的灭亡很快就来到了。假使秦王能够考虑古代的情况,顺着商、周的道路,来制定实行自己的政策,那么后代即使出现骄奢淫逸的君主,也不会有倾覆危亡的祸患。所以夏禹、商汤、周文王建立了国家,名号卓著,功业长久。

当今秦二世登上王位,普天之下没有人不伸长脖子盼着看一看他的政策。受冻的人穿上粗布短袄就觉得很好,挨饿的人吃上糟糠也觉得香甜。天下苦苦哀叫的百姓,正是新皇帝执政的凭借。这就是说劳苦人民容易接受仁政。如果二世有一般君主的德行,任用忠贞贤能的人,君臣一心,为天下的苦难而忧心,丧服期间就改正先帝的过失;割地分民,封赏功臣的后代,封国立君,对天下的贤士以礼相待,把牢狱里的犯人放出来,免去刑戮,废除没收犯罪者妻子儿女为官家奴婢之类的杂乱刑罚,让被判刑的人各自返回家乡;打开仓库,散发钱财,以赈济孤独穷困的士人;减轻赋税,减少劳役,帮助百姓解除急困;简化法律,减少刑罚,给犯罪人以把握以后的机会,使天下的人都能自新,修炼节操,修养品行,各自谨慎对待自身;满足万民的愿望,以威信仁德对待天下人,天下人就归附了。如果天下到处都欢欢喜喜安居乐业,唯恐发生变乱,那么即使有奸诈不轨的,民众他们也没有背叛主上之心,图谋不轨的臣子也就无法掩饰他的奸诈,暴乱的阴谋就可以被阻止了。

二世不实行这些办法,却比始皇更加暴虐无道:破坏宗庙,残害百姓,重新修建阿房宫;使刑罚更加繁多,杀戮更加严酷,官吏办事苛刻狠毒;赏罚不得当,赋税搜刮没有限度。国家的事务太多,官吏们都治理不过来;百姓穷困已极,而君主却不加收容救济。于是奸险欺诈之事纷起,上下互相欺骗;蒙受罪罚的人很多,道路上遭到刑戮的人前后相望,连绵不断,天下的人都陷入了苦难。从君卿以下直到平民百姓,人人心中自危,身处穷苦之境,到处都不得安宁,所以容易动乱。因此陈涉不凭商汤、周武王那样的贤能,不借公侯那样的尊贵,在大泽乡振臂一呼而天下响应,其原因就在于人民正处于危难之中。

所以古代圣王能洞察开端与结局的变化,知道生存与灭亡的关键,因此统治人民的方法,就是要专心致力于使他们安定罢了。这样,天下即使出现叛逆的臣子,也必然没有人响应,得不到帮助力量了。所谓"处于安定状态的人民可以共同行仁义,处于危难之中的人民容易一起做坏事",就是说的这种情况。尊贵到做了天子,富足到拥有天下,而自身却不能免于被杀戮,就是由于挽救倾覆局势的方法错了。这就是二世的错误。

过秦论(下)
【贾谊】

秦兼诸侯山东三十余郡,脩津关,据险塞,缮甲兵而守之。然陈涉率散乱之众数百,奋臂大呼,不用弓戟之兵,鉏(chú)櫌(yōu)白梃,望屋而食,横行天下。秦人阻险不守,关梁不闭,长戟不刺,强弩不射。楚师深入,战于鸿门,曾无藩篱之难。于是山东诸侯并起,豪俊相立。秦使章邯将而东征,章邯因其三军之众,要市于外,以谋其上。群臣之不相信,可见于此矣。

子婴立,遂不悟。借使子婴有庸主之材而仅得中佐,山东虽乱,三秦之地可全而有,宗庙之祀宜未绝也。秦地被山带河以为固,四塞之国也。自缪公以来至于秦王二十余君,常为诸侯雄。此岂世贤哉?其势居然也。且天下尝同心并力攻秦矣。当此之世,贤智并列,良将行其师,贤相通其谋,然困于险阻而不能进,秦乃延入战而为之开关,百万之徒逃北而遂坏。岂勇力智慧不足哉?形不利、势不便也。秦虽小邑,伐并大城,守险塞而军,高垒毋战,闭关据阨,荷戟而守之。诸侯起于匹夫,以利会,非有素王之行也。其交未亲,其民未附,名曰亡秦,其实利之也。彼见秦阻之难犯,必退师。案土息民以待其弊,收弱扶罢以令大国之君,不患不得意于海内。贵为天子,富有四海,而身为禽者,救败非也。

秦王足己而不问,遂过而不变。二世受之,因而不改,暴虐以重祸。子婴孤立无亲,危弱无辅。三主之惑,终身不悟,亡不亦宜乎?当此时也,也非无深谋远虑知化之士也,然所以不敢尽忠指过者,秦俗多忌讳之禁也,忠言未卒于口而身糜没矣。故使天下之士倾耳而听,重足而立,阖口而不言。是以三主失道,而忠臣不谏,智士不谋也。天下已乱,奸不上闻,岂不悲哉!

先王知壅蔽之伤国也,故置公卿、大夫、士,以饰法设刑而天下治。其强也,禁暴诛乱而天下服;其弱也,王霸征而诸侯从;其削也,内守外附而社稷存。故秦之盛也,繁法严刑而天下震;及其衰也,百姓怨而海内叛矣。故周王序得其道,千余载不绝;秦本末并失,故不能长。由是观之,安危之统相去远矣。

鄙谚曰:"前事之不忘,后事之师也。"是以君子为国,观之上古,验之当世,参之人事,察盛衰之理,审权势之宜,去就有序,变化因时,故旷日长久而社稷安矣。

译 文:

秦朝兼并了诸侯,山东有三十多个郡,修筑渡口关隘,占据了险要地势,修治武器,守护着这些地方。然而陈涉凭着几百名散乱的戍卒,振臂大呼,不用弓箭矛戟等武器,光靠锄把和木棍,虽然没有给养,但只要看到有人家住的房屋就能吃上饭,纵横驰骋天下,所向无敌。秦朝险阻之地防守不住了,关卡桥梁封闭不住了,长戟刺不了,强弩射不了。楚军很快深入境内,鸿门一战,竟然连篱笆一样的阻拦都没有遇到。于是诸侯纷纷起事,豪杰相继立王。秦王派章邯率兵东征,章邯得此机会,就凭着三军的众多兵力,在外面跟诸侯相约,做交易,图谋他的主上。大臣们不可信用,从这件事就可以看出来了。

子婴登位,最终也不曾觉悟,假使子婴有一般君主的才能,仅仅得到中等臣僚的辅佐,各地虽然混乱,秦国的地盘还是可以保全的,宗庙的祭祀也不会断绝。秦国地势有高山阻隔,有大河环绕,形成坚固防御,是个四面都有险要关塞的国家。从穆公以来,一直到秦始皇,二十多个国君,经常在诸侯中称雄。难道代代贤明吗?这是地位形势造成的呀!再说天下各国曾经同心合力进攻秦国。在这种时候,贤人智士会聚,有良将指挥各国的军队,有贤相沟通彼此的计谋,然而被险阻困住不能前进,秦国就引诱诸侯进入秦国境内作战,为他们打开关塞,结果山东百万军队败逃崩溃。难道是因为勇气、力量和智慧不够吗?是地形不利,地势不便啊。秦国把小邑并为大城,在险要关塞驻军防守,把营垒筑得高高的而不轻易跟敌方作战,紧闭关门据守险塞,肩扛矛戟守卫在那里。诸侯们出身平民,是为了利益联合起来,并没德高望重而位居王位者的德行。他们的交往不亲密,他们的下属不亲附。名义上是说灭亡秦朝,实际上是为自己谋求私利。他们看见秦地险阻难以进犯,就必定退兵。如果他们能安定本土,让人民休养生息,等待秦的衰败,收纳弱小,扶助疲困,那么凭着能对大国发号施令的君主,就不用担心在天下实现不了自己的愿望了。可是他们尊贵身为天子,富足拥有天下,自己却遭擒获,这是因为他们挽救败亡的策略错误啊。

秦王满足一己之功,不求教于人,一错到底而不改变。二世承袭父过,遵循不改,残暴苛虐以致加重了祸患。子婴孤立无亲,自处危境,却又柔弱而没有辅佐。三位君主一生昏惑而不觉悟,秦朝灭亡,不也是应该的吗?在这个时候,世上并非没有深谋远虑懂得形势变化的人士,然而他们之所以不敢竭诚尽忠,纠正主上之过,就是由于秦朝的风气多有忌讳的禁规,忠言还没说完而自己就被杀戮了。所以使得天下之士只能侧着耳朵听,重叠双脚(小心翼翼地)站立,闭上嘴巴不敢说话。因此,秦朝的三位君主迷失了路途,而忠臣不敢进谏言,智士不敢出主意,天下已经大乱,皇上还不知道,难道不可悲吗?

先王知道壅塞不通就会伤害国家,所以设置公卿、大夫和士,来整治法律设立刑罚,天下因而得到治理。强盛的时候,禁止残暴诛讨叛乱,天下服从;衰弱的时候,五霸为天子征讨,诸侯也顺从;土地被割削的时候,在内能自守备,在外还有亲附,社稷得以保存。所以秦朝强盛的时候,繁法严刑,天下震惊;等到它衰弱的时候,百姓怨恨,天下背叛。周朝的公、侯、伯、子、男五等爵位合乎根本大道,因而传国一千多年不断绝。而秦朝则是本末皆失,所以不能长久。由此看来,安定和危亡的纲纪相距太远了!

俗话说"前事不忘,后事之师"(过去的经验教训不忘记,就是以后做事的借鉴)。因此君子治理国家,考察于上古的历史,以当代的情况验证之,还要通过人事加以检验,从而了解兴盛衰亡的规律,详知谋略和形势是否合宜,做到取舍有序,变化适时,所以历时长久,国家安定。

09. 赤壁赋

苏 轼

【原文与译文】

1

壬戌之秋,七月既望,苏子与客泛舟游于赤壁之下。

壬戌年秋天,七月十六日,我同客人乘船在赤壁下面游玩。

清风徐来,水波不兴。

清风缓缓吹来,江面水波平静。

举酒属客,诵明月之诗,歌窈窕之章。

于是举杯邀客人同饮,朗诵《诗经·陈风·月出》一诗的"窈窕"一章。

少焉,月出于东山之上,徘徊于斗牛之间。

一会儿,月亮从东山上升起,在北斗星和牵牛星之间移动。

白露横江,水光接天。

白茫茫的雾气笼罩着江面,波光与星空连成一片。

纵一苇之所如,凌万顷之茫然。

(我们)听任苇叶般的小船自由飘浮,越过那茫茫无际的万顷江面。

浩浩乎如冯虚御风,而不知其所止;

(江面)多么辽阔啊,(船儿)像是凌空乘风飞去,不知将停留在何处;

飘飘乎如遗世独立,羽化而登仙。

多么飘逸呀,(我)好像变成了神仙,飞离尘世,登上仙境。

2

于是饮酒乐甚,扣舷而歌之。

于是,大家喝着酒,快乐极了,敲着船舷唱起来。

歌曰:"桂棹兮兰桨,击空明兮溯流光。

歌词说:"桂木的棹啊,兰木的桨,拍打着清澈的江水啊,船儿迎来流动的波光。

渺渺兮予怀,望美人兮天一方。"

我的心儿啊想得多么遥远,眺望着我思慕的人儿啊,他在那天边遥远的地方。"

客有吹洞箫者,倚歌而和之。

有个吹奏洞箫的客人,按着歌曲的声调和节拍吹箫应和。

其声呜呜然,如怨如慕,如泣如诉,余音袅袅,不绝如缕。

箫声呜呜呜,像是怨恨,又像是思慕,像是哭泣,又像是倾诉,余音悠扬,像一根轻柔的细丝线一样延绵不断。

舞幽壑之潜蛟,泣孤舟之嫠妇。

能使潜藏在深渊中的蛟龙起舞,孤舟上的寡妇啜泣。

3

苏子愀然,正襟危坐,而问客曰:"何为其然也?"

我不禁面带忧愁(感伤起来),整理了衣裳,端正地坐着,问客人说:"为什么会这样?"

客曰:"'月明星稀,乌鹊南飞',此非曹孟德之诗乎?

客人说:"'月明星稀,乌鹊南飞',这不是曹孟德的诗吗?

西望夏口,东望武昌,山川相缪,郁乎苍苍,此非孟德之困于周郎者乎?

向西望是夏口,向东望是武昌,山水缭绕,草木苍翠,这不是曹孟德被周瑜围困的地方吗?

方其破荆州,下江陵,顺流而东也,舳舻千里,旌旗蔽空,酾酒临江,横槊赋诗,固一世之雄也,而今安在哉?

当曹孟德夺取荆州,攻下江陵,顺着长江东下的时候,战船连接千里,旌旗遮蔽天空,在江面上洒酒祭奠,横握着长矛朗诵诗篇,本来是一代的英雄啊,可如今又在哪里呢?

况吾与子渔樵于江渚之上,侣鱼虾而友麋鹿,驾一叶之扁舟,举匏樽以相属。

何况我同你在江中和沙洲上捕鱼打柴,以鱼虾为伴,与麋鹿为友,驾着一叶孤舟,在这里举杯互相劝酒。

寄蜉蝣于天地,渺沧海之一粟。

只是像蜉蝣一样寄生在天地之间,渺小得像大海中的一颗谷粒。

哀吾生之须臾,羡长江之无穷。

哀叹我生命的短暂,而羡慕长江的流水无穷无尽。

挟飞仙以遨游,抱明月而长终。

希望同仙人一起遨游,与明月一起长存。

知不可乎骤得,托遗响于悲风。"

我知道这是不可能突然得到的,(因而只能)在悲凉的秋风中,(把我的忧思)寄托到箫声里去。"

苏子曰:"客亦知夫水与月乎?

我说:"你们也知道那水和月亮吗?

逝者如斯,而未尝往也;

江水总是不停地流逝,但它们并没有流走;

盈虚者如彼,而卒莫消长也。

月亮总是那样有圆有缺,但它终究也没有增减。

盖将自其变者而观之,则天地曾不能以一瞬;

要是从它们变的一面来看,那么,天地间的一切事物,甚至不到一眨眼的工夫就发生了变化;

自其不变者而观之,则物与我皆无尽也,而又何羡乎!

要是从它们不变的一面来看,万物同我们一样都是永存的,又何必羡慕它们呢?

且夫天地之间,物各有主,苟非吾之所有,虽一毫而莫取。

再说,天地之间,万物各有主人,假如不是为我所有,即使是一丝一毫也不能得到。

惟江上之清风,与山间之明月,耳得之而为声,目遇之而成色,取之无禁,用之不竭,是造物者之无尽藏也,而吾与子之所共适。"

只有这江上的清风和山间的明月,耳朵听到了就成其为声音,眼睛看到了就成其为颜色,占有它们,无人禁止,使用它们,无穷无尽,这是大自然无穷无尽的宝藏,而我能够同你共同享用。"

5

客喜而笑,洗盏更酌。

客人听了之后,高兴地笑了,洗净杯子,重新斟酒。

肴核既尽,杯盘狼籍。

菜肴果品已吃完了,杯盘杂乱地放着。

相与枕藉乎舟中,不知东方之既白。

大家互相枕着靠着睡在船中,不知不觉东方天空已经亮了。

【资料与背景】

一、作家作品

苏轼(1037—1101年),字子瞻,号东坡居士,眉州眉山(今属四川)人,北宋文学家、书画家。苏轼与父洵弟辙,合称"三苏"。在政治上属于旧党,但也有改革弊政的要求。苏轼才情奔放,为宋代最杰出的作家,诗、词、文、书、画、文艺理论均有独到成就。其文汪洋恣肆,明白畅达,为"唐宋八大家"之一,与韩愈并称"韩潮苏海"。其词于风格、体制上皆有创变,清雄旷荡之作尤新人耳目,词开豪放一派,对后代很有影响,与辛弃疾并称"苏辛"。其诗题材广阔,清新雄健,善用夸张、比喻,独具风格,与黄庭坚并称"苏黄"。著名的诗词有《念奴娇·赤壁怀古》《江城子·十年生死两茫茫》《水调歌头·明月几时有》《赤壁赋》等。著有《东坡乐府》。课文所选是他的《前赤壁赋》。

二、背景纵览

1. 乌台诗案始末介绍

乌台指的是御史台,汉代时御史台外柏树很多,树上有很多乌鸦,所以人称御史台为乌台,也戏指御史们都是乌鸦嘴。北宋神宗年间苏轼反对新法,并在自己的诗文表露了对新政的不满。由于他当时是文坛的领袖,任由苏轼的诗词在社会上传播对新政的推行很不利。所以在神宗的默许下,苏轼被抓进乌台,一关就是4个月,每天被逼要交代他以前写的诗的由来和词句中典故的出处。由于宋朝有不杀士大夫的惯例,所以苏轼免于一死,但被贬为黄州团练副使。

2. 黄州赤壁

黄州城外有一块红色的岩壁,相传是三国时期赤壁大战的战场(一说赤壁大战的战场在乌林赤壁,非黄州赤壁)。苏轼在此期间经常与朋友夜游赤壁,月下泛舟,写下了光耀千古的前后《赤壁赋》与《念奴娇·赤壁怀古》。

苏轼在赤壁的创作活动,给赤壁增添了光彩,清人就干脆把黄州赤壁命名为"东坡赤壁",并镌刻在建筑物的门额上,由此名满天下。直到今天,在黄冈东坡赤壁,仍有"酹江亭""坡仙亭"等名胜。

3. 关于散文赋

散文赋也叫文赋,是中唐以后出现的一种文体。赋流行于汉代,始于战国,盛行于汉,到唐宋而衰微,元明清则趋于消亡。赋是一种形体比较自由灵活的韵文,句子以四言六言为主,讲求文采,多采用问答形式和铺张手法。汉代以后,赋分别向骈文和散文两个方向发展。前者便出现了骈赋和律赋,注重对偶工整和平仄协调,对押韵也有严格要求;后者便发展为文赋,不讲求骈偶和音律,句式可长可短,押韵也较自由。至于赋的作用,班固说:"或以抒下而通讽喻,或以宣上德而尽忠孝。"也就是说,赋的作用是用来表达人民的愿望,讽喻政事。

【内容与特色】

一、内容简析

本文选自《经进东坡文集事略》。文章描写了月夜的美好景色和主客泛舟大江饮酒赋诗的舒畅心情,然后通过客人的洞箫吹奏的极其幽怨的声调,引起主客之间的一场问答,文章的重点便转移到关于人生态度问题的论辩上,抒写了人生处于困厄之中欲借助融于大自然而排遣孤独,忘怀得失,寻求自我超脱的独特情感。文章含而不露,意在言外,深沉的感情融于景物描写之中,满腔的悲愤寄寓在旷达的风貌之下。

文章共五个自然段。

第1自然段,描写夜游赤壁的情景,展现了一个诗情画意的境界。

第2自然段,写主客由乐转悲的思想感情的变化。

第3自然段,写客人感慨人生短促无常的悲观情绪。

第4自然段,写苏子对客人的劝导,丢开个人的愁怀,欣赏大自然的美妙风光的豁达开朗的心情。

第5自然段,写客人转悲为喜,主客开怀畅饮,兴尽入睡。

二、写作特色

1. 写景、抒情、议论的紧密结合。全文触景生情,融情于景,不论抒情还是议论,始终不离江上风光和赤壁故事,且议论的句子都十分形象化,极富抒情色彩,创造出一种情、景、理的融合,充满诗情画意而又含寓着人生哲理的艺术境界。

2. "以文为赋"的体裁特色。本文作为一篇文赋,既保留了赋体常用的主客对话的形式,又吸取了散文的笔调和手法,韵句和散句并用,骈偶和单行相间。

3. 优美形象的语言特色。运用比喻、夸张等多种修辞手法,语言精当、生动,押韵灵活自由,运用叠字,富有音乐美。

【字词与句式】

一、字音

壬戌(rén xū)　　　举酒属(zhǔ)客　　　窈(yǎo)窕(tiǎo)

少(shǎo)焉　　　　斗(dǒu)牛　　　　冯(píng)虚御风

扣舷(xián)　　桂棹(zhào)　　溯(sù)流光
幽壑(hè)　　　嫠(lí)妇　　　　愀(qiǎo)然
渔樵(qiáo)　　山川相缪(liáo)　舳(zhú)舻(lú)
酾(shī)酒　　　横槊(shuò)　　江渚(zhǔ)
扁(piān)舟　　匏(páo)樽　　　相属(zhǔ)
蜉蝣(fúyóu)　　无尽藏(zàng)　洗盏更(gēng)酌
肴核(yáohé)　　狼籍(jí)　　　相与(yǔ)
枕藉(jiè)

二、字义

(1)壬戌：古代纪年法中的干支纪年，文中指北宋神宗元丰五年(1082年)。

(2)既望：已经过了望日，即农历十六日。望：农历每月十五日。

(3)明月之诗：指《诗经·陈风·月出》一诗中的"窈窕"一章。

(4)少焉：一会儿。

(5)白露横江：横，笼罩。

(6)纵一苇之所如，凌万顷之茫然：纵，任凭。凌，越过。

(7)扣舷而歌之：扣，敲打。

(8)击空明兮溯流光：溯，逆流而上。

(9)渺渺兮予怀：渺渺，遥远。

(10)望美人兮天一方：美人，指所思慕的人，古人常用来作为圣主贤臣或美好理想的象征。

(11)嫠妇：寡妇。

(12)愀然：容色改变，忧愁的样子。

(13)正襟危坐：整理衣裳，端正地坐着。

(14)酾酒临江：酾酒，斟酒。

(15)举匏樽以相属：匏樽，用葫芦做成的酒器。

(16)骤得：骤，骤然，突然。

(17)洗盏更酌：洗了酒杯，重新再饮。盏，酒杯。更酌，重新斟酒。

(18)肴核：菜肴和果品。泛指下酒物。

三、文言现象

1. 通假字

(1)举酒属客／举匏樽以相属（"属"通"嘱"，劝人饮酒）

(2)浩浩乎如冯虚御风（"冯"通"凭"，乘）

(3)山川相缪（"缪"通"缭"，环绕）

(4)杯盘狼籍（"籍"通"藉"，凌乱）

2. 一词多义

东：

(1)顺流而东(动词,向东进军)

(2)东望武昌(名词作状语,向东)

歌：

(1)扣舷而歌之(动词,唱)

(2)歌曰(名词,歌词)

(3)倚歌而和之(名词,歌曲的声调或节拍)

望：

(1)七月既望(名词,农历每月十五)

(2)望美人兮天一方(动词,眺望)

下

(1)方其破荆州,下江陵(动词,攻克、打下)

(2)苏子与客泛舟游于赤壁之下(方位名词,位置低的,与"上"相对)

如：

(1)纵一苇之所如(动词,往、到)

(2)飘飘乎如遗世独立(副词,像)

(3)如泣如诉(副词,像)

白：

(1)白露横江(白色的,形容词)

(2)不知东方之既白(显出白色,即天亮了,动词)

之：

(1)惟江上之清风(结构助词,的)

(2)耳得之而为声(代词,它)

(3)月出于东山之上(结构助词,的)

(4)哀吾生之须臾(结构助词,的)

(5)扣舷而歌之(音节助词,无实在意义,不译)

(6)倚歌而和之(代词,代"歌")

(7)凌万顷之茫然(助词,定语后置的标志)

(8)苟非吾之所有(助词,主谓之间,取消句子独立性,不译)

乎：

(1)此非孟德之困于周郎者乎/此非曹孟德之诗乎/客亦知夫水与月乎(语气助词,用于句末,相当于"吗")

(2)浩浩乎如冯虚御风/飘飘乎如遗世独立(形容词词尾)

(3)相与枕藉乎舟中(介词,在)

(4)而又何羡乎(语气词,表示疑问,呢)

(5)郁乎苍苍/知不可乎骤得(语气词,用在句中表停顿或舒缓语气)

于:

(1)苏子与客泛舟游于赤壁之下/徘徊于斗牛之间(介词,在)

(2)此非孟德之困于周郎者乎(助词,表被动)

(3)月出于东山之上(介词,从)

其:

(1)而不知其所止(代词,它,指"一苇")

(2)其声呜呜然(指示代词,那)

(3)何为其然也(代词,指箫声)

(4)方其破荆州(代词,他,指曹操)

而:

(1)浩浩乎如冯虚御风,而不知其所止/逝者如斯,而未尝往也/盈虚者如彼,而卒莫消长也(连词,表转折)

(2)倚歌而和之/自其不变者而观之(连词,表修饰。)

(3)正襟危坐而问客曰(连词,表承接。)

(4)侣鱼虾而友麋鹿(连词,表并列。)

然:

(1)凌万顷之茫然/苏子愀然(形容词词尾,……的样子)

(2)何为其然也(这样,代词)

(3)其声呜呜然(语气词,相当于"焉",表陈述语气,可不译)

3.古今异义词

(1)徘徊于斗牛之间(徘徊:古义为明月停留;今义为人在一个地方来回走动。斗牛:古义为斗宿和牛宿,都是星宿名;今义为一种竞技方式)

(2)白露横江(古义:白茫茫的水汽。今义:二十四节气之一。)

(3)凌万顷之茫然(古义:旷远的样子。今义:完全不知道的样子。)

(4)望美人兮天一方(古义:内心所思慕的人,古人常用来作为圣主贤臣或美好理想的象征。今义:美貌的人。)

4.词类活用

(1)名词用作动词

扣舷而歌之(唱)

顺流而东(向东进军)

况吾与子渔樵于江渚之上(捕鱼砍柴)

下江陵(攻占)

(2)名词用作状语

乌鹊南飞(向南)

西望夏口,东望武昌(向西,向东)

(3)形容词用作动词

正襟危坐(整理)

渺沧海之一粟(渺小得像……)

不知东方之既白(显出白色)

(4)使动用法

舞幽壑之潜蛟(使……起舞)

泣孤舟之嫠妇(使……哭泣)

(5)意动用法

侣鱼虾而友麋鹿(以……为伴侣,以……为朋友)

5.特殊句式

(1)倒装句

①宾语前置句

何为其然也——即"其为何然",箫声为什么会这样?

而今安在哉——即"而今在安",如今在哪里?

而又何羡乎——即"而又羡何乎",又羡慕它们什么呢?

②定语后置句

凌万顷之茫然——即"凌茫然之万顷",越过茫茫无际的万顷江面。

客有吹洞箫者——即"有吹洞箫之客",有个吹奏洞箫的客人。

③介词结构后置句

游于赤壁之下——即"于赤壁之下游",在赤壁下游玩。

渔樵于江渚之上——即"于江渚之上渔樵",在江中和沙洲上捕鱼砍柴。

寄蜉蝣于天地——即"蜉蝣于天地寄",像蜉蝣一样在天地之间寄生着下。

托遗响于悲风——即"于悲风托遗响",在悲凉的秋风中寄托遗响。

月出于东山之上,徘徊于斗牛之间——即"月于东山之上出,于斗牛之间徘徊",月亮从东山上升起,在北斗星和牵牛星之间徘徊。

④主谓倒装句

渺渺兮予怀——即"予怀渺渺兮",我心里想得很远啊。

(2)判断句

固一世之雄也/是造物者之无尽藏也——语气词"也",表判断。

此非曹孟德之诗乎——用"非……乎"表否定反问,实际上是肯定判断,有强调的意思。

此非孟德之困于周郎者乎——用"非……乎"表否定反问,实际上是肯定判断,有强调的意思。

(3)被动句

此非孟德之困于周郎者乎——被周郎所困,用"于"表被动。

【重点与难点】

一、单项选择题

1. 下列各句中"如"字的意义不相同的一项是(　　)。

　A. 飘飘乎如遗世独立　　　　B. 纵一苇之所如

　C. 如怨如慕,如泣如诉　　　　D. 余音袅袅,不绝如缕

2. 下列各句不含有通假字的一项是(　　)。

　A. 浩浩乎如冯虚御风　　　　B. 山川相缪

　C. 举匏樽以相属　　　　　　D. 吾与子渔樵于江渚之上

3. 下列各句中词类活用与其他三句不相同的一项是(　　)。

　A. 扣舷而歌之　　　　　　　B. 顺流而东

　C. 吾与子渔樵于江渚之上　　D. 乌鹊南飞

二、阅读

4. 解释下列加点的词语。

(1)击空明兮溯流光

(2)凌万顷之茫然

5. "月明星稀,乌鹊南飞"出自曹孟德的哪一首诗?

6. 用现代汉语翻译下列句子

(1)盖将自其变者而观之,则天地曾不能以一瞬。

(2)哀吾生之须臾,羡长江之无穷。

(3)知不可乎骤得,托遗响于悲风。

7.本文表达了作者怎样的思想感情？如何评价作者的观点？

【阅读与拓展】

后赤壁赋
【苏轼】

是岁十月之望,步自雪堂,将归于临皋。二客从予,过黄泥之坂。霜露既降,木叶尽脱。人影在地,仰见明月,顾而乐之,行歌相答。已而叹曰:"有客无酒,有酒无肴,月白风清,如此良夜何?"客曰:"今者薄暮,举网得鱼,巨口细鳞,状如松江之鲈。顾安所行酒乎?"归而谋诸妇。妇曰:"我有斗酒,藏之久矣,以待子不时之须。"

于是携酒与鱼,复游于赤壁之下。江流有声,断岸千尺。山高月小,水落石出。曾日月之几何,而江山不可复识矣!

予乃摄衣而上,履巉(chán)岩,披蒙茸,踞虎豹,登虬龙,攀栖鹘之危巢,俯冯夷之幽宫,盖二客不能从焉。划然长啸,草木震动,山鸣谷应,风起水涌。予亦悄然而悲,肃然而恐,凛乎其不可留也。反而登舟,放乎中流,听其所止而休焉。

时夜将半,四顾寂寥。适有孤鹤,横江东来,翅如车轮,玄裳缟衣,戛然长鸣,掠予舟而西也。须臾客去,予亦就睡。梦一道士,羽衣蹁跹,过临皋之下,揖予而言曰:"赤壁之游乐乎?"问其姓名,俯而不答。呜乎噫嘻!我知之矣。"畴昔之夜,飞鸣而过我者,非子也耶?"道士顾笑,予亦惊悟。开户视之,不见其处。

译　文:

这一年十月十五日,我从雪堂出发,准备回临皋亭。有两位客人跟随着我,一起走过黄泥坂。这时霜露已经降下,树叶全都脱落。我们的身影倒映在地上,抬头望见明月高悬,向四周看看,心里十分快乐,于是一面走一面吟诗,相互酬答。过了一会儿,我叹惜地说:"有客人却没有酒,有酒却没有菜。月色皎洁,清风吹拂,这样美好的夜晚,我们怎么度过呢?"一位客人说:"今天傍晚,我撒网捕到了鱼,大嘴巴,细鳞片,形状就像吴淞江的鲈鱼。不过,到哪里去弄到酒呢?"我回家和妻子商量,妻子说:"我有一斗酒,保藏了很久,为了应付您突然的需要。"

就这样,我们携带着酒和鱼,再次到赤壁的下面游览。长江的流水发出声响,陡峭的江岸高峻直耸;山峦很高,月亮显得小了,水位降低,礁石露了出来。才相隔多少日子,上次游览所见的江景山色再也认不出来了!

我就撩起衣襟上岸,踏着险峻的山岩,拨开纷乱的野草,蹲在虎豹形状的怪石上,又不时拉住形如虬龙的树枝,攀上猛禽做窝的悬崖,下望水神冯夷的深宫,两位客人都不能跟着我到这个极高处。我大声地长啸,草木被震动,高山与我共鸣,深谷响起了回声,大风刮起,波浪汹涌。我也不觉忧伤悲哀起来,感到恐惧,觉得这里使人害怕,不可久留。回到船上,把船划到江心,任凭它漂流到哪里就在那里停泊。

这时快到半夜了,向周围望去,冷静空虚。恰巧有一只白鹤,横穿大江上空从东飞来。翅膀张开像车轮那么大,黑裙白衣,发出长长的尖利叫声,擦过我的小船向西飞去。(上岸以后,回到家里)一会儿,客人走了,我也睡了。梦见一道士,穿着羽毛做的衣服轻快地走着,走到临皋下面,向我拱手行礼,说:"赤壁这次旅游很痛快吧?"我问他的姓名,他低着头不回答。哎呀!我知道了:"昨天晚上,一边叫一边飞过我船上的,不是你吗?"道士回头对我笑了,我也惊醒了。打开门看,看不见它了。

10. 窦娥冤

关汉卿

【原文与译文】

〔外扮监斩官上,云〕下官监斩官是也。今日处决犯人,着做公的把住巷口,休放往来人闲走。〔净扮公人,鼓三通、锣三下科。刽子磨旗、提刀,押正旦带枷上。〔刽子云〕行动些,行动些,监斩官去法场上多时了。〔正旦唱〕

【正宫·端正好】没来由犯王法,不提防遭刑宪,叫声屈动地惊天。顷刻间游魂先赴森罗殿,怎不将天地也生埋怨。

【滚绣球】有日月朝暮悬,有鬼神掌着生死权。天地也!只合把清浊分辨,可怎生糊突了盗跖、颜渊?为善的受贫穷更命短,造恶的享富贵又寿延。天地也!做得个怕硬欺软,却原来也这般顺水推船!地也,你不分好歹何为地!天也,你错勘贤愚枉做天!哎,只落得两泪涟涟。

〔刽子云〕快行动些,误了时辰也。〔正旦唱〕

【倘秀才】则被这枷纽的我左侧右偏,人拥的我前合后偃。我窦娥向哥哥行有句言。〔刽子云〕你有甚么话说?〔正旦唱〕前街里去心怀恨,后街里去死无冤,休推辞路远。

〔刽子云〕你如今到法场上面,有什么亲眷要见的,可教他过来,见你一面也好。〔正旦唱〕

【叨叨令】可怜我孤身只影无亲眷,则落的吞声忍气空嗟怨。〔刽子云〕难道你爷娘家也没的?〔正旦云〕只有个爹爹,十三年前上朝取应去了,至今杳无音信。〔唱〕早已是十年多不睹爹爹面。〔刽子云〕你适才要我往后街里去,是甚么主意?〔正旦唱〕怕则怕前街里被我婆婆见。〔刽子云〕你的性命也顾不得,怕他见怎的?〔正旦云〕俺婆婆若见我披枷带锁赴法场餐刀去呵,〔唱〕枉将他气杀也么哥,枉将他气杀也么哥。告哥哥,临危好与人行方便。

〔卜儿哭上科,云〕天那,兀的不是我媳妇儿!〔刽子云〕婆子靠后。〔正旦云〕既是俺婆婆来了,叫他来,待我嘱咐他几句话咱。〔刽子云〕那婆子近前来,你媳妇要嘱咐你话哩。〔卜儿云〕孩儿,痛杀我也!〔正旦云〕婆婆,那张驴儿把毒药放在羊肚儿汤里,实指望药死了你,要霸占我为妻。不想婆婆让与他老子吃,倒把他老子药死了。我怕连累婆婆,屈招了药死公公,今日赴法场典刑。婆婆,此后遇着冬时年节,月一十五,有瀽不了的浆水饭,瀽半碗儿与我吃,烧不了的纸钱,与窦娥烧一陌儿,则是看你死的孩儿面上。〔唱〕

【快活三】念窦娥葫芦提当罪愆,念窦娥身首不完全,念窦娥从前已往干家缘,婆婆也,你只看窦娥少爷无娘面。

【鲍老儿】念窦娥伏侍婆婆这几年,遇时节将碗凉浆奠;你去那受刑法尸骸上烈些纸钱,只当把你亡化的孩儿荐。〔卜儿哭科,云〕孩儿放心,这个老身都记得。天那,兀的不痛杀我也!〔正旦唱〕婆婆也,再也不要啼啼哭哭,烦烦恼恼,怨气冲天。这都是我做窦娥的没时没运,不明不暗,负屈衔冤。

〔刽子做喝科,云〕兀那婆子靠后,时辰到了也。〔正旦跪科〕〔刽子开枷科〕〔正旦云〕窦娥告监斩大人,有一事肯依窦娥,便死而无怨。〔监斩官云〕你有什么事,你说。〔正旦云〕要一领净席,等我窦娥站立,又要丈二白练,挂在旗枪上,若是我窦娥委实冤枉,刀过处头落,一腔热血休半点儿沾在地下,都飞在白练上者。〔监斩官云〕这个就依你,打什么不紧。〔刽子做取席站科,又取白练挂旗上科〕〔正旦唱〕

【耍孩儿】不是我窦娥罚下这等无头愿,委实的冤情不浅,若没些儿灵圣与世人传,也不见得湛湛青天。我不要半星热血红尘洒,都只在八尺旗枪素练悬。等他四下里皆瞧见,这就是咱苌弘化碧,望帝啼鹃。

〔刽子云〕你还有甚的说话,此时不对监斩大人说明,几时说那?〔正旦再跪科,云〕大人,如今是三伏天道,若窦娥委实冤枉,身死之后,天降三尺瑞雪,遮掩了窦娥尸首。〔监斩官云〕这等三伏天道,你便有冲天的怨气,也召不得一片雪来,可不胡说!〔正旦唱〕

【二煞】你道是暑气暄,不是那下雪天,岂不闻飞霜六月因邹衍?若果有一腔怨气喷如火,定要感的六出冰花滚似绵,免着我尸骸现;要什么素车白马,断送出古陌荒阡?

〔正旦再跪科,云〕大人,我窦娥死的委实冤枉,从今以后,着这楚州亢旱三年。〔监斩官云〕打嘴!那有这等说话!〔正旦唱〕

【一煞】你道是天公不可期,人心不可怜,不知皇天也肯从人愿。做甚么三年不见甘霖降,也只为东海曾经孝妇冤。如今轮到你山阳县,这都是官吏每无心正法,使百姓有口难言。

〔刽子做磨旗科,云〕怎么这一会儿天色阴了也?〔内做风科,刽子云〕好冷风也!〔正旦唱〕

【煞尾】浮云为我阴,悲风为我旋,三桩儿誓愿明提遍。〔做哭科,云〕婆婆也,直等待雪飞六月,亢旱三年呵,〔唱〕那其间才把你个屈死的冤魂这窦娥显。

〔刽子做开刀,正旦倒科〕〔监斩官惊云〕呀,真个下雪了,有这等异事!〔刽子云〕我也道平日杀人,满地都是鲜血,这个窦娥的血都飞在那丈二白练上,并无半点落地,委实奇怪。〔监斩官云〕这死罪必有冤枉。早两桩儿应验了,不知亢旱三年的说话准也不准,且看后来如何。左右,也不必等待雪晴,便与我抬他尸首,还了那蔡婆婆去罢。〔众应科,抬尸下〕

(译文略)

【资料与背景】

一、作家作品

关汉卿(约1226—1300年),号已斋叟,金末元初大都(今北京市)人,元代杂剧的代表作家,与郑光祖、白朴、马致远一同被称为"元曲四大家",并居"元曲四大家"之首,对元杂剧和后来戏曲的发展有很大影响。

关汉卿的作品主要有《窦娥冤》(全名为《感天动地窦娥冤》)与《救风尘》《望江亭》《单刀会》等。其中《窦娥冤》被称为中国十大古典悲剧之一,同时也是元杂剧四大悲剧之一,被称为"本色派之首"。

关汉卿戏曲的语言通俗自然,朴实生动,极富性格,评论家以"本色"二字概括其特色。课文中的曲词,都不事雕琢,感情真切,精练优美,浅显而深邃。

二、背景纵览

1. 相关资料

《窦娥冤》全剧为四折一楔子,是关汉卿的代表作,也是我国古代悲剧的代表作,课文选的本剧中的前三折。《窦娥冤》的故事源于《列女传》中的《东海孝妇》。但关汉卿并没有局限在这个传统故事里,去歌颂为东海孝妇平反冤狱的于公的阴德;而是紧紧扣住当时的社会现实,用这段故事,真实而深刻地反映了元蒙统治下中国社会极端黑暗、极端残酷、极端混乱的悲剧时代,表现了中国人民坚强不屈的斗争精神和争取独立生存的强烈要求。它成功地塑造了"窦娥"这个悲剧主人公形象,使其成为元代被压迫、被剥削、被损害的妇女的代表,成为元代社会底层善良、坚强而走向反抗的妇女的典型,寄托了对饱受欺凌的下层民众的深刻同情,表达了伸冤雪恨、惩恶扬善的强烈愿望。

2. 关于元杂剧

元杂剧是用北曲(北方的曲调)演唱的一种戏曲形式。金末元初产生于中国北方,是在金院本基础上以及诸宫调的影响下发展起来的。

作为一种新型的完整的戏剧形式,元杂剧有其自身的特点和严格的体制,形成了歌唱、说白、舞蹈等有机结合的戏曲艺术形式,并且产生了韵文和散文结合的、结构完整的文学剧本。

在结构上,一本杂剧通常由四折组成。一折相当于现代剧的一幕或一场,是故事情节发展的一个较大的自然段落,四折一般分别是故事的开端、发展、高潮和结局。四折之外可以加一二个楔子。楔子一般放在第一折之前,介绍剧情,类似现代剧中的序幕;也有的放在两折之间,相当于后来的过场戏。但也有少数杂剧突破了一本四折的形式,如《西厢记》是五本二十一折的连本戏。每本杂剧的末尾有两句、四句或八句对语,用以概括全剧内容,叫做"题目正名"。如《窦娥冤》结尾的"题目"是"秉鉴持衡廉访法","正名"是"感天动地窦娥冤"。

在音乐上,杂剧的每折用同一宫调的若干曲牌组成套曲。楔子只能用一二支小令,不能用套曲。宫调,即调式,相当于现代音乐的C调D调等。曲牌,是曲调的名称,每个曲牌都属于一定的宫调。剧本中每套曲子的第一支曲子前面都标明宫调。如《窦娥冤》第三折第一支曲子标示的【正宫·端正好】,表示这一折自【端正好】以下各曲均属【正宫】。

杂剧角色分为末、旦、净三大类。每类又可分为外末、副末、冲末、大末、小末,正旦、外旦、贴旦、老旦、花旦、副净、二净等。其中正末为男主角,正旦为女主角。此外,还有以剧中人职务身份为名的杂角,如驾(皇帝)、孤(官员)、卜儿(老年妇女)、孛老(老年男子)、洁郎(和尚)等。

杂剧的舞台演出由唱、白、科三部分组成。唱是杂剧的主要部分。除楔子中可由次要角色唱以外,一剧四折通常由主角一人唱到底,其他角色有白无唱,正末主唱的称"末本",正旦主唱的称"旦本"。也有变例,如《西厢记》第四本就出现了莺莺、张生、红娘轮唱的情况。剧本中的唱词,即曲词,是按照曲牌规定的字数、句法、平仄、韵脚填写的,也可以在曲牌的规定之外,适当加入衬字或增句。每折的曲子必须一韵到底,不能换韵。白,即宾白,是剧中人的说白,因"唱为主,白为宾,故曰宾白"。有散白、韵白,又分对白、独白、旁白、带白等。剧本还规定了主要动作、表情和舞台效果,叫作"科范",简称"科",如"再跪科""鼓三通、锣三下科。"

【内容与特色】

一、内容简析

《窦娥冤》全剧共四折,开头有一个楔子。这篇课文是剧本的第三折,写窦娥被押赴刑场杀害的悲惨情景,是全剧矛盾冲突的高潮,揭露了元代吏治的腐败残酷,反映了当时社会的黑暗,歌颂了窦娥的善良心灵和反抗精神。

课文节选的第三折,写窦娥被押赴刑场问斩的详细经过,是全剧的高潮。这折戏着重刻画了窦娥善良美丽的内心世界,突出表现了窦娥负屈含冤却不甘屈从命运的抗争精神。尖锐的戏剧冲突、催人泪下的人物形象以及大胆奇特的情节安排,渲染了充溢天地之间的悲剧气氛。作者通过窦娥临刑前的血泪控诉,对封建社会秩序和传统观念大胆地进行了斥责:"地也,你不分好歹何为地! 天也,你错勘贤愚枉做天!"这前无古人、惊天动地的叱问,具有穿越时空的艺术感染力。

这一折可以分为三个部分。

第一部分(开头至"只落得两泪涟涟"),斥骂天地无知。这是窦娥被押赴刑场途中诉说冤屈、指斥天地鬼神的场面。

第二部分("刽子云"至"负屈衔冤"),刑前与婆诀别。这是窦娥请求走后街并与婆婆诀别的场面。

第三部分("刽子做喝科"至结束),临刑三桩誓愿。这是窦娥发下三桩誓愿并当场应验两个的场面。

二、写作特色

1.想象、夸张的艺术手法。作品运用丰富的想象和大胆的夸张,设计了三桩誓愿显灵的超现实情节,显示正义抗争的强大力量,寄托了作者鲜明的爱憎,反映了人民伸张正义、惩治邪恶的愿望。很好地刻画了主人公的形象,也是作品艺术性的集中体现,使得悲剧气氛更浓烈,人物形象更鲜明,故事情节更生动,主题思想更深刻,既洋溢着浓郁的生活气息,又充满着浪漫色彩,具有震撼人心的艺术力量。

2.本色的戏剧语言。历来评论家都以"本色"二字概括关汉卿戏曲语言的特色,即语言通俗自然、朴实生动,符合剧中人物的身份和个性,能为展开剧情和刻画人物性格服务。

在本文中,指斥天地的场面高亢激越,冤气冲天,紧张急促;诀别婆婆的场面如泣如诉,哀婉凄惨,徐缓低回;三桩誓愿的场面感情浓烈,激荡如潮,慷慨激昂。这三个场面的描写,以质朴无华而富于韵味的语言,深刻地展示了人物的内心世界,逐层深入地刻画了人物性格。文本中的曲词,不事雕饰,感情真切,精炼优美,浅显而深邃。文本中的曲白也配合得很好。曲白相生,语言朴素而富于感情,把窦娥为其冤屈而抗争的精神表达得深切感人。

【阅读与拓展】

单刀会(第四折)

【关汉卿】

(鲁肃云)将军原来傲物轻信。(正云)我怎么"傲物轻信"?(鲁云)当日孔明亲言:"破曹之后荆州即还江东。"鲁肃亲为代保。不思旧日之恩,今日恩变为仇;犹自说:"以德报德,以直报怨。"圣人道:"信近于义,言可复也。"去食去兵,不可去信。"大车无輗,小车无軏,其何以行之哉?"①今将军全无仁义之心,枉作英雄之辈。荆州久借不还,却不道"人无信不立"!(正云)鲁子敬,你听的这剑界么?(鲁云)剑界怎么?(正云)我这剑界,头一遭诛了文丑,第二遭斩了蔡阳。鲁肃呵,莫不第三遭到你也?(鲁云)没、没,我则这般道来。(正云)这荆州是谁的?(鲁云)这荆州是俺的。(正云)你不知,听我说。(唱)

【沉醉东风】想着俺汉高皇图王霸业,汉光武秉正除邪,汉献帝将董卓诛,汉皇叔把温侯灭。俺哥哥合情受汉家基业。则你这东吴国的孙权,和俺刘家却是甚枝叶?请你不克己先生自说。

(鲁肃云)那里甚么响?(正云)这剑界二次也!(鲁云)却怎么说?(正云)这剑按天地之灵,金火之精,阴阳之气,日月之形;藏之则鬼道遁迹,出之则魑魅潜踪;喜则恋鞘沉沉而不动,怒则跃匣铮铮而有声。今朝席上,倘有争锋,恐君不信,拔剑施呈。吾当摄剑,鲁肃休惊。这剑果有神威不可当,庙堂之器岂寻常;今朝索取荆州事,一剑先交鲁肃之。(唱)

【雁儿落】则为你三寸不烂舌,恼犯我三尺无情剑。这剑餐工将头,渴饮仇人血。

【得胜令】则是条龙向鞘中蛰,虎在坐间蹎。今日故友每才相见,休着俺弟兄相离间别。鲁子敬听者:你心内休乔怯,畅好是随邪②,吾当酒醉也。

(鲁云)臧官动乐。(臧官上,云)天有五星,地攒五岳,人有五德,乐按五音。五星者:金、木、水、火、土。五岳者:常、恒、泰、华、嵩。五德者:温、良、恭、俭、让。五音者:宫、商、角、徵、羽。(甲士拥上科)(鲁云)埋伏了者。(正击案,怒云)有埋伏也无埋伏?(鲁云)并无埋伏。(正云)若有埋伏,一剑挥之两断。(做击案科)(鲁云)你击碎菱花③。(正云)我特来破镜。(唱)

【搅筝琶】却怎么闹妙妙军兵列,休把我拦当者。(云)当着我的,呵呵!(唱)我着他剑下亡,目前流血。便有那张仪、蒯通舌,休那里躲闪藏遮。好生的送我船上者,我和你慢慢的相别。

(鲁云)你去了,倒是一场伶俐。(黄文云)将军,有埋伏里!(鲁云)迟了我的也!(关平领众将上,云)请夕亲上舡,孩儿每来迎拉里。(正云)鲁肃,休惜殿后。(唱)

【离亭宴带歇拍煞】我则见紫袍银带公人列。晚天凉风冷芦花谢,我心中喜悦。昏惨惨晚霞收,冷飕飕江风起,急飐飐帆招惹。承管待,承管待,多承谢,多承谢。唤舻公慢者,缆解开岸边龙,船分开波中浪,棹搅碎江心月。正欢娱有甚进退?且谈笑不分明夜。说与你两件事先生记者:百忙里趁不了老兄心,急切里倒不了俺汉家节!(并下)

注:①此句喻人无信用就难以在社会上生存下去。②随邪,不正经。③菱花,古代镜子的代称。

助　读:

《单刀会》是关汉卿的历史剧和正剧的代表作。该剧第一折写鲁肃为索取荆州计请关羽过江赴会,想在宴席间暗害关羽。第二折写鲁肃与司马徽商议计取荆州之事,遭反对。第三折写关羽按请书赴宴。此折为全剧高潮,着重表现关羽的英雄形象。酒席上理直气壮驳斥鲁肃索取荆州的无理要求,以自己的威武和正义慑服鲁肃,表现了关羽对刘备的忠诚和超人的胆识;对付鲁肃时,软硬兼施,表现了他的机智,赞扬关羽是文武双全的英雄。

11. 病梅馆记

龚自珍

【原文与译文】

1

江宁之龙蟠,苏州之邓尉,杭州之西溪,皆产梅。

江宁的龙蟠里,苏州的邓尉山,杭州的西溪,都产梅。

或曰:"梅以曲为美,直则无姿;以欹为美,正则无景;以疏为美,密则无态。"

有的人说:"梅以(枝干)曲折为美,笔直了就没有风姿;以(枝干)倾斜为美,端正了就没有景致;以(枝干)疏朗为美,稠密了就没有美态。"

固也。

固然如此。

此文人画士心知其意,未可明诏大号以绳天下之梅也;又不可以使天下之民斫直,删密,锄正,以夭梅病梅为业以求钱也。

这些文人画士心里明白它的意思,却不便公开宣告,大声号召,(用这个标准)来约束天下的梅;又不可以使天下的人,砍掉笔直的,删掉繁密的,锄掉端正的,把梅弄成奇形怪状,弄成病态,拿这作为职业来赚钱。

梅之欹之疏之曲,又非蠢蠢求钱之民能以其智力为也。

梅的(枝干的)横斜、疏朗、曲折,又不是蠢蠢地追求金钱的人能凭他们的智慧能力办得到的。

有以文人画士孤癖之隐明告鬻梅者,斫其正,养其旁条,删其密,夭其稚枝,锄其直,遏其生气,以求重价:而江浙之梅皆病。

有的人把文人画士这种偏嗜成癖的隐情明白告诉卖梅的人,(使他们)砍掉那端正的(枝条),培养那横斜的枝条,删掉那些繁密的(枝条),使那些嫩枝弯曲,锄掉那些笔直的(枝条),阻抑它的生机,(这样)来谋求高价:于是江苏、浙江的梅都成为病态的。

文人画士之祸之烈至此哉!

文人画士所造成的祸害的酷烈,竟到了这个地步啊!

2

予购三百盆,皆病者,无一完者。

我买了三百盆(梅),都是病残的,没有一盆完好的。

既泣之三日,乃誓疗之:纵之顺之,毁其盆,悉埋于地,解其棕缚;以五年为期,必复之全之。

已经为它们流了三天泪,于是发誓要治好它们:放开它们,使它们顺着(天性生长),毁掉那些盆子,(把梅)全部种到地里,解掉棕绳对它们的束缚;以五年为期限,一定要恢复它们(的生机),保全它们(自然的形态)。

予本非文人画士,甘受诟厉,辟病梅之馆以贮之。

我本来不是文人画士,甘愿受到(他们的)辱骂,设立一个病梅馆来贮存它们。

3

呜呼!安得使予多暇日,又多闲田,以广贮江宁、杭州、苏州之病梅,穷予生之光阴以疗梅也哉!

唉!怎样才能使我有很多空暇时间,又有很多空闲的田地,来大量贮存江宁、杭州、苏州的病梅,尽我一生的光阴来治疗病梅呢!

【资料与背景】

一、作家作品

龚自珍(1792—1841年),又名巩祚(zuò),字璱(sè)人,号定盦(ān),浙江仁和(现在浙江杭州)人。清代思想家、文学家,是首开近代文学民主风气的人物。38岁中进士,官至礼部主事,48岁辞官回南方讲学,卒于江苏丹阳云阳书院。龚自珍是清末著名的思想家和文学家。他反对西方列强侵略中国,支持林则徐查禁鸦片,对清朝严酷的思想统治和腐败的政治深感不满,力主"更法""改图",废科举,重真才,以求挽救危局。他同林则徐、魏源等人组织"宣南诗社",讲求经世致用之学,宣传改良主义思想。他的革新思想在当时曾产生很大的社会影响,并对后来康有为、梁启超的维新派政治改良运动有过重要的影响。

龚自珍著述丰富,有散文三百多篇,诗词近八百首。他的散文大都表现自己的政治主张和社会思想,才气横溢,意气飞扬。他的诗词表现了对黑暗现实的不满和要求改革的渴望,气势磅礴,色彩瑰丽。己亥年(道光十九年)辞官南归途中写了315首绝句,总题为《己亥杂诗》。著有《定盦全集》。

二、背景纵览

清朝封建统治者为了强化思想统治、奴役人民,一方面以八股文作为科举考试选用人才的法定文体,以束缚人民的思想;另一方面大兴文字狱,镇压知识分子。在长期严酷的思想统治下,人才遭到严重的压抑和摧残,龚自珍就是其中之一。生活在这样的时代,龚自珍敏锐地预感到封建王朝的新危机,对统治阶级扼杀人才、禁锢思想表示了极大的愤慨,强烈地呼吁社会改革和个性解放,殷切地希望"不拘一格降人才",以扫除"万马齐暗究可哀"的局面。《病梅馆记》就作于这个时代。

【内容与特色】

一、内容简析

本文是一篇托物言志的小品散文。文章以文人画士不爱健康自然的梅花,而偏爱病态的梅花,以致用人工矫揉造作的办法摧残梅花为例,形象地揭露和批判了清王朝严酷的思想统治,及其压制、摧残人才的罪恶,表达了作者要求个性解放,改革社会政治,冲破黑暗统治的强烈愿望。

文章共三个自然段。

第1自然段,揭示产生病梅的根源。

第2自然段,写作者疗梅的行动和决心。

第3自然段,写作者辟馆疗梅的苦心。

二、写作特色

1. 以梅喻人,托物言志。表面处处写梅,实则处处以梅喻人,以梅议政,本体与喻体之间非常贴切。句句讲梅花,句句有言外之旨,在平常的生活小事中,包含着深刻的社会政治内容,包含着作者的积极追求和政治理想。

2. 用词准确、形象。如谈到有些人对梅的审美观时,用"曲""直""欹""正""疏""密"六个形容词,准确简练、对比鲜明地摆出两种截然不同的看法。

3.句式整齐,富有感情色彩,增强了语言的节奏感和抒情色彩。如"梅以曲为美,直则无姿;以欹为美,正则无景;以疏为美,密则无态",这几句形成排比,一气呵成地写出了社会上一些文人画士的评梅标准。

【阅读与拓展】

任光禄竹溪记
【唐顺之】

余尝游于京师侯家富人之园,见其所蓄,自绝徼海外,奇花石无所不致,而所不能致者惟竹。吾江南人斩竹而薪之,其为园亦必购求海外奇花石,或千钱买一石、百钱买一花,不自惜。然有竹据其间,或芟而去焉,曰:"毋以是占我花石地。"而京师人苟可致一竹,辄不惜数千钱;然才遇霜雪,又稿以死。以其难致而又多稿死,则人益贵之;而江南人甚或笑之曰:"京师人乃宝吾之所薪。"

呜呼!奇花石诚为京师与江南人所贵。然穷其所生之地,则绝徼海外之人视之,吾意其亦无以甚异于竹之在江以南。而绝徼海外,或素不产竹之地,然使其人一旦见竹,吾意其必又有甚于京师人之宝之者。是将不胜笑也。语云:"人去乡则益贱,物去乡则益贵。"以此言之,世之好丑,亦何常之有乎!

余舅光禄任君治园于荆溪之上,遍植以竹,不植他木。竹间作一小楼,暇则与客吟啸其中。而间谓余曰:"吾不能与有力者争池亭花石之胜,独此取诸土之所有,可以不劳力而蓊然满园,亦足适也。因自谓竹溪主人。甥其为我记之。"

余以谓君岂真不能与有力者争,而漫然取诸其土之所有者;无乃独有所深好于竹,而不欲以告人欤?昔人论竹,以为绝无声色臭味可好。故其巧怪不如石,其妖艳绰约不如花,孑孑然孓孓然有似乎偃蹇孤特之士,不可以谐于俗。是以自古以来,知好竹者绝少。且彼京师人亦岂能知而贵之?不过欲以此斗富与奇花石等耳。故京师人之贵竹,与江南人之不贵竹,其为不知竹一也。君生长于纷华,而能不溺乎其中,裘马僮奴歌舞,凡诸富人所酣嗜,一切斥去。尤挺挺不妄与人交,凛然有偃蹇孤特之气,此其于竹必有自得焉。而举凡万物可喜可玩,固有不能间也欤?然则虽使竹非其土之所有,君犹将极其力以致之,而后快乎其心。君之力虽使能尽致奇花石,而其好固有不存也。

嗟乎!竹固可以不出江南而取贵也哉!吾重有所感矣。

译　文:

我曾经游观过京城世宦富贵人家的亭园,见那里集聚的东西,自极远的边地到海外,奇异的花卉石子没有不求取的,所不能求取的只有竹子。我们江南人砍伐竹子当柴烧,筑园构亭也必定购买寻求海外的奇花异石,有的用千钱买一石,有的用百钱买一花,并不吝惜。然而如有竹子占据在当中,有时就将它砍去,说:"不要让它占了我种花置石的地方。"但京城人如果能觅到一竿竹子,常常不惜花费数千钱来购买;然而刚刚遇到下霜降雪,便又干枯而死。正因为它的难以寻觅而且又多枯死,人们因此就更加珍爱它;而江南人甚而笑他们说:"京城人竟把我们当柴烧的东西视为珍宝。"

呜呼!奇花异石诚然为京城与江南人所珍爱。然而追溯它们的产地,则边地和海外人看待它们,我想也与竹子在江南没有什么大的区别。而边地海外,或许是从不出产竹子的地方,假如让那里的人一旦看到竹子,我想他们必定比京城人更加珍爱和看重它。这种情况恐怕是笑不完的了。俗语说:"人离乡则愈贱,物离乡则愈贵。"如此说来,世上的美丑好恶,又有什么不变的标准呢!

我的舅舅任光禄君在荆溪的边上构筑了一个亭园,到处种竹,不种其他的花木。竹林间造了一座小楼,有空就与客人在那里吟诗啸歌。他偶然对我说:"我不能与有势力的人比池亭花石的盛况,单独在这里取山地本来所有的东西,可以不花费劳力而使满园苍翠葱茏,也足以自适。因此自称是竹溪主人。请外甥为我的竹园作一篇记吧。"

我以为任君哪里是真的不能与有势力者攀比,而随意取其当地所有;恐怕还是对竹独有特殊的爱好,而不愿意把它告诉别人吧?过去有人谈论竹子,以为它绝没有动人的姿色和香味值得喜爱。所以它奇巧怪异不如石,妖艳柔美不如花,孑孑然,孑孑然有如高傲独立的士人,不能与尘俗混同合一。因此自古以来,知道珍爱竹子的人极少。那么京城人难道也是能知竹而加以珍爱的吗?他们不过是想用此与别人争夸富贵,如同用奇花异石向人炫耀一样。所以京城人的珍爱竹子,与江南人的不重竹子,他们的不知竹是一样的。任君在繁华纷闹中生长,而能不沉溺其中,衣饰车马僮仆歌舞,凡是富贵人家所沉湎嗜好的,一切摒斥而去。尤其是方正刚直不随意与人交往,凛然有高洁独立之气,这正是任君对于竹子必有自得的地方。世上可喜可玩的万物,原有不能割舍的吗?那么虽然假使竹子不是这里的土地所有,任君也将竭尽其力予以收集,然后心里才高兴。任君的财力虽然使他能尽量寻觅奇花异石,然而他的爱好本不在此啊。

可叹啊!竹子本可以不出江南而为人贵重,对此我重新有了感受了。

助 读:

唐顺之受舅父光禄任君之托,为他在荆溪上修筑的竹园为文作记。文章从竹说起,用竹在京师见贵、在江南产地作薪的现象,说明"世之好丑无常"的道理。又以竹喻人,以竹之"偃蹇孤特"(高傲独立),不谐于俗,来赞颂竹园主人。文章托物言志,清新流畅。

己亥杂诗(五)
【龚自珍】

浩荡①离愁白日斜②,吟鞭东指③即天涯④。
落红⑤不是无情物,化作春泥更护花。

注：

①浩荡：犹言浩茫，形容愁绪之广阔难禁，充塞天地。

②白日斜：夕阳西坠，指黄昏时分。斜，古读 xiá。

③吟鞭东指：说的是离开京师，向东走去。吟鞭：抽响马鞭。

④天涯：天边。意思是说，踏出北京城门，从此便与朝廷离别，也就等于到了天涯海角。唐刘禹锡《和令狐相公别牡丹》，诗："莫道两京非远别，春明门外即天涯。"

⑤落红：落花。

己亥杂诗(一百二十五)
【龚自珍】

九州①生气恃②风雷，万马齐喑③究④可哀。
我劝天公⑤重抖擞⑥，不拘一格⑦降人才⑧。

注：

①九州：古时把全国划分为青、兖、冀、徐、扬、荆、豫、梁、雍九州，后来即以九州作为中国的代称。

②恃：依靠、凭借。

③万马齐喑(yīn)：借喻清王朝统治下死气沉沉的局面，语出宋苏轼《三马图赞引》："振鬣长鸣，万马齐喑。"喑：哑。

④究：终究。

⑤天公：道教所谓最高的天神玉皇大帝，这里暗指清朝皇帝。

⑥抖擞：振作精神。

⑦不拘一格：不限于一定的规格资历，即打破常规。

⑧降人才：让贤才降临人间，也有使用贤才的意思。

12. 庖丁解牛

《庄子》

【原文与译文】

1

庖丁为文惠君解牛。

庖丁替文惠君宰牛。

手之所触,肩之所倚,足之所履,膝之所踦,砉然向然,奏刀騞然,莫不中音:

手所触着的地方,肩所倚着的地方,脚所踏着的地方,膝所顶着的地方,都唰唰唰地响着,进刀时也发出哗哗的声音,没有不合乎音节的动作:

合于《桑林》之舞,乃中《经首》之会。

既符合《桑林》舞曲的节奏,又合乎《经首》乐章的韵律。

2

文惠君曰:"嘻,善哉!技盖至此乎?"

文惠君说:"啊,好极了!你的技术怎么能达到这种程度呢?"

3

庖丁释刀对曰:"臣之所好者,道也;进乎技矣。

庖丁放下屠刀回答说:"我所喜好的是道啊;已经超过技术领域了。

始臣之解牛之时,所见无非牛者;三年之后,未尝见全牛也。

第五册　古典的魅力

我开始宰牛的时候，所见到的没有不是整个牛的；三年之后，我就不曾再见到整个的牛了。

方今之时，臣以神遇而不以目视，官知止而神欲行。

到了现在，我是用心神来领会而不是用眼睛去观看，感官知觉停止而意念还是要行进。

依乎天理，批大郤，导大窾，因其固然，技经肯綮之未尝，而况大軱乎！

我依照着牛身体的自然的结构，劈开筋肉的间隙，插入骨节的空隙，顺着牛的自然结构去用刀，即便是经络相连的地方都没有一点妨碍，何况大骨头呢！

良庖岁更刀，割也；族庖月更刀，折也。

好的厨子一年换一把刀，他们是用刀去割筋肉；一般的厨子一个月换一把刀，他们是用刀去砍骨头。

今臣之刀十九年矣，所解数千牛矣，而刀刃若新发于硎。

现在，我这把刀已经用了十九年了，解了几千头牛，可是刀口还是如同刚刚从磨刀石上磨出来的一样锋利。

彼节者有间，而刀刃者无厚；以无厚入有间，恢恢乎其于游刃必有余地矣！

牛的骨节是有间隙的，而刀刃是没有厚度的；把没有厚度的刀刃插入有间隙的骨节，自然是游刃恢恢而宽阔有余了！

是以十九年而刀刃若新发于硎。

因此，我的刀用了十九年还像刚磨出来的一样。

虽然，每至于族，吾见其难为，怵然为戒，视为止，行为迟。

即使这样，可是每当遇到筋骨盘结的地方，我知道难以下手，就小心谨慎，眼神因此专注，行动因此放慢。

动刀甚微，謋然已解，如土委地。

动刀的幅度很微小，一下子牛就哗啦啦地解体了，如同泥土散落在地上。

提刀而立,为之四顾,为之踌躇满志;善刀而藏之。"

这时,我提刀站立,环顾四方,觉得心满意足;把刀子揩干净,收藏起来。"

4

文惠君曰:"善哉!

文惠君说:"好啊!

吾闻庖丁之言,得养生焉。"

我听了厨师的一席话,懂得养生之道了。"

【资料与背景】

一、作家作品

庄周(约前369—约前286年),名周,字子休,战国时期宋国蒙(今河南商丘)人,思想家、哲学家、文学家,道家学派的重要代表。曾做过地位卑微的漆园吏,不久就隐退山林,终生不仕。据《庄子》记载,他生活贫困,住在穷闾陋巷,困窘时织履为生,弄得面黄肌瘦。但据说楚王派人迎他到楚国去做相国,他却拒绝了,说是"为有国者所羁",不如在贫贱生活中自得其乐。庄周的思想,继承并推进了老子的道家思想,后人将他俩合称为"老庄"。

《庄子》又名《南华经》,是庄周及其门徒、后学的著述总集。是道家思想的集大成的著作,以丰富的想象、生动的语言、奇巧的结构,代表了先秦散文的最高成就。现存33篇,分内篇、外篇、杂篇三个部分。后人大都认为《内篇》7篇是庄子本人所著;《外篇》15篇、《杂篇》11篇,是庄周门徒及后学的作品。

二、相关知识

1. 本文节选自《庄子·养生主》。"养生"意为保养生命,"主"主要指道理和方法。"养生主"意为养生的主旨,即养生应该遵循的基本原则。"庖丁解牛"是一则寓言故事,庄子通过这个寓言故事来说明养生的道理。

2. 寓言。寓言是文学作品的一种体裁,以比喻性的故事寄寓意味深长的道理,给人以启示。

【内容与特色】

一、内容简析

《庖丁解牛》是庄子为阐明养生之道而写的寓言。

文章可以分为两个部分。

第一部分(第1自然段),写"庖丁解牛"的场面。

第二部分(第2—4自然段),写文惠君与庖丁的对话。第2自然段,文惠君提出问题;第3自然段,记述庖丁的"经验之谈";第4自然段,写文惠君听了庖丁的一番话,表示领悟了养生的道理。

二、写作特色

1.善于用寓言来讲故事。用艺术形象来阐明哲学道理,是《庄子》的一大特色。《庖丁解牛》就是庄子为阐明养生之道而写的寓言。庄子认为,社会充满错综复杂的矛盾,人处世间,只有像庖丁解牛那样避开矛盾,"以无厚入有间",做到顺应自然,才能保身、全生、养亲、尽年。作为一个独立的故事,"庖丁解牛"这则寓言故事给我们的启示已经远远超出了庄子当初的命意,它启示我们:一切事物都有它的客观规律,只要"依乎天理"、"因其固然",不断积累经验,就能认识和掌握事物的规律,像庖丁一样,做到"游刃有余";即使把握了客观规律,面对具体问题,仍然要有谨慎的态度,才能够把事情做好。

2.善于刻画人物形象。文章通过庖丁解牛的场面描写以及庖丁的动作、语言和神态描写,刻画了一位技艺高超、工作谨慎、善于思考的人物形象。如文章第1段,作者通过场面描写和动作描写写活了庖丁解牛的过程。他手、肩、足、膝和谐并用,触、倚、履、踦等动作流畅自如,"砉然""騞然"的声音高低错落、缓急有序。和谐优美的动作,进刀时富有韵律的音响,成功刻画了一个技艺精湛的厨师形象。又如庖丁解完牛之后,"提刀而立,为之四顾,为之踌躇满志;善刀而藏之",寥寥几笔,其动作、神态、心理,跃然纸上。文章的第一段只见境界不见人,而这几句则把庖丁的形象具体化了,一个立体可感的人物形象鲜明地呈现在读者的眼前。

【字词与句式】

一、字音

庖(páo)丁	膝之所踦(yǐ)	砉(xū)然
向(xiǎng)然	騞(huō)然	莫不中(zhòng)音
批大郤(xì)	导大窾(kuǎn)	肯綮(qìng)
大軱(gū)	更(gēng)刀	发于硎(xíng)
怵(chù)然	謋(huò)然	踌(chóu)躇(chú)

二、字义

(1)庖丁:庖,厨师。丁是厨师的名。先秦古书往往以职业放在人名前。

(2)解牛:宰牛,这里指把整个牛体开剥分剖。解,剖开,分割。

(3)砉然向然:发出砉砉的响声。砉,象声词,形容皮骨相离声。

(4)奏刀騞然:进刀时发出騞的声音。奏,进。騞,象声词。

(5)中音:合乎音律。

(6)合于《桑林》之舞,乃中《经首》之会:既合乎《桑林》舞乐的节奏,又合乎《经首》乐曲的韵律。《桑林》,传说中商汤时的乐曲名。《经首》,传说中尧时的乐曲名。乃,又。会,指节奏。

(7)道:道理,规律。

(8)进乎技矣:超过技术了。进,过、超过。

(9)臣以神遇而不以目视:我只用精神去和牛接触,而不用眼睛去看了。遇,会合、接触。

(10)官知止而神欲行:视觉停止了,而精神在活动。官知,耳、眼等器官的感觉,这里指视觉。神欲,精神活动。

(11)批大郤:击入大的缝隙。批,击。郤,空隙。

(12)导大窾:顺着(骨节间的)空处进刀。导,顺着、循着,这里有导入的意思。窾,空。

(13)因其固然:因,依照。固然,(牛体)本来的(结构、样子)。

(14)技经肯綮之未尝:技,通"枝",指支脉。经,指经脉。肯,附在骨头上的肉。綮,结合处。肯綮,筋骨结合的地方。

(15)新发于硎:刚从磨刀石上磨出来。发,出。硎,磨刀石。

(16)恢恢:很宽绰的样子。

(17)游刃:动刀。游,运转、活动。

(18)每至于族:族,(筋骨)交错聚结的地方。

(19)视为止,行为迟:目光注视于一处,动作缓慢下来。

(20)謋然已解,如土委地:謋,象声词,骨肉离开的声音。委,散落。

三、相关成语

(1)目无全牛:现在一般用来指技艺达到极其纯熟的程度,达到得心应手的境界。

(2)官止神行:感官知觉停止而意念还在进行。指对某一事物有透彻的了解。

(3)批郤导窾:从骨头接合处劈开,无骨处则就势分解。比喻善于从关键处入手,顺利解决问题。批,击。郤,空隙。窾,骨节空处。

(4)切中肯綮:指解决问题的方法对,方向准,一下子击中了问题的要害,找到了解决问题的好办法。切中,正好击中。肯綮,是指骨肉相连的地方,比喻关键。

(5)游刃有余:现在用它来比喻技术熟练高超,做事轻而易举。

(6)新硎初试:硎,磨刀石;新硎,新磨出的刀刃。像新磨的刀那样锋利。比喻刚参加工作就显露出出色的才干。亦作"发硎新试"。

(7)踌躇满志:文中是悠然自得、心满意足的意思。踌躇,今用于形容犹豫不决的样子。踌躇满志,今指对自己取得的成就洋洋得意的样子。

四、文言现象

1. 通假字

(1)膝之所踦("踦"通"倚",抵住)

(2)砉然向然("向"通"响",响声)

(3)技盖至此乎("盖"通"盍",何,怎样)

(4)技经肯綮之未尝("技"通"枝",枝脉)

(5)善刀而藏之("善"通"缮",修治,文中是拭、擦的意思)

2.一词多义

善:

(1)善刀而藏之(通"缮",修治,动词,文中是拭、擦的意思)

(2)善哉!吾闻庖丁之言,得养生焉。(形容词,好,夸赞)

技:

(1)技盖至此乎(技术,名词)

(2)技经肯綮之未尝(通"枝",支脉,名词)

族:

(1)族庖月更刀,折也(众,一般)

(2)每至于族,吾见其难为(筋骨交错聚结的地方)

为:

(1)庖丁为文惠君解牛(介词,替,给)

(2)吾见其难为,怵然为戒(动词。前一个"为",做;后一个"为",作为)

(3)视为止,行为迟(两个"为"同义,因为)

(4)提刀而立,为之四顾,为之踌躇满志(两个"为"同义,因为)

乎:

(1)技盖至此乎(疑问语气词,呢)

(2)进乎技矣(相当于"于",表比较)

(3)依乎天理(相当于"于",引出对象)

(4)而况大軱乎(表感叹语气,呢)

(5)恢恢乎其于游刃必有余地矣(形容词词尾,助词)

于:

(1)合于《桑林》之舞(介词,引出对象)

(2)而刀刃若新发于硎(介词,从)

(3)恢恢乎其于游刃必有余地矣(介词,对于)

(4)虽然,每至于族(介词,引出对象)

然:

(1)奏刀騞然(象声词词尾)

(2)因其固然(……的样子)

(3)虽然,每至于族……(代词,这样)

(4)怵然为戒(形容词词尾,……的样子)

而:

(1)臣以神遇而不以目视,官知止而神欲行(连词,表转折)
(2)而况大軱乎(连词,表递进)
(3)而刀刃若新发于硎(连词,表转折)
(4)彼节者有间,而刀刃者无厚(连词,表并列)
(5)提刀而立(连词,表修饰)
(6)善刀而藏之(连词,表顺承)

3. 古今异义词

(1)奏刀騞然(古义:进。今义:演奏,取得)
(2)乃中《经首》之会(古义:节奏。今义:集合、聚合、团体、理解、通晓)
(3)进乎技矣(古义:超过。今义:动词,入)
(4)所见无非牛者(古义:没有不是。今义:只,不外乎)
(5)臣以神遇而不以目视(古义:会合、接触。今义:碰见、遇见)
(6)依乎天理(古义:天然结构。今义:今常指伦理道德)
(7)因其固然(古义:本来的样子。今义:表示承认某个事实,引起下文转折)
(8)视为止,行为迟(古义:动作因为。今义:指受思想支配而表现出的外表活动)
(9)虽然,每至于族("虽然",古义为尽管这样;今义为连词,表转折,但是。"至于",古义为到了;今义为连词,达到某种程度或另提起一事)

4. 词类活用

(1)名词用作状语

族庖月更刀(每月)

良庖岁更刀(每年)

(2)名词用作动词

足之所履(踩)

(3)动词用作名词

视为止,行为迟(视,目光。行,行为或举动)

(4)形容词用作名词

以无厚入有间(有厚度的刀刃)

5. 特殊句式

(1)倒装句

①宾语前置句

技经肯綮之未尝——即"未尝技经肯綮",没有碰到经络相连的地方。

是以十九年——即"以是",因为这(个原因)。

②介词结构后置句

合于《桑林》之舞——"于"相当于"同",即"于《桑林》之舞合",同桑林舞曲的节奏相符合。

进乎技矣——"乎"同"于",即"乎技进",比技术更进一步。

刀刃若新发于硎——"于"相当于"从",即"刀刃若新于硎发",刀刃像刚从磨刀石上磨出来一样。

(2)判断句

臣之所好者,道也——语气词"也",表判断。

所见无非牛者——用"非"表否定判断。

良庖岁更刀,割也;族庖月更刀,折也——语气词"也",表判断。

【重点与难点】

一、单项选择题

1. 下列句子中,句式不同于其他三句的一项是(　　)。
   A. 臣之所好者,道也　　　B. 是以十九年而刀刃若新发于硎
   C. 所见无非牛者　　　　　D. 良庖岁更刀,割也

2. 下列各句不含有通假字的一项是(　　)。
   A. 砉然向然　　　　　　　B. 膝之所踦
   C. 技经肯綮之未尝　　　　D. 而况大軱乎

3. 下列各句中有动词用作名词的一项是(　　)。
   A. 视为止,行为迟　　　　B. 良庖岁更刀,割也
   C. 而刀刃者无厚　　　　　D. 足之所履

二、阅读

4. 解释下列加点的词语。
   乃中《经首》之会
   　　　　　　　·

5. "进乎技矣"是什么句式?

6. 用现代汉语翻译下列句子。
   (1)依乎天理,批大郤,导大窾,因其固然,技经肯綮之未尝,而况大軱乎!

   (2)虽然,每至于族,吾见其难为,怵然为戒,视为止,行为迟。

7. 从全文看,庖丁解牛数千"而刀刃若新发于硎"的原因有哪些?

【阅读与拓展】

涸辙之鲋

庄周家贫,故往贷粟于监河侯。监河侯曰:"诺。我将得邑金,将贷子三百金,可乎?"庄周忿然作色曰:"周昨来,有中道而呼者。周顾视车辙中,有鲋鱼焉。周问之曰:'鲋鱼来!子何为者邪?'对曰:'我,东海之波臣也,君岂有斗升之水而活我哉?'周曰:'诺。我且南游吴越之王,激西江之水而迎子,可乎?'鲋鱼忿然作色曰:'吾失我常与,我无所处。吾得斗升之水然活耳,君乃言此,曾不如早索我于枯鱼之肆!'"

——选自《庄子·外物》

译 文:

庄周家里很穷,去向监河侯借粮食。监河侯说:"好!我就要收租税了,等我收到以后,借给您三百斤,好吗?"庄周气得脸色都变了,说:"我昨天来这里,半路上听到有人喊救命,我回头一看,只见车辙里有一条鲫鱼。我问它说:'鲫鱼啊!您为什么这样喊呢?'它答道:'我是东海神的臣子,今天不幸陷落在这干车辙里,您可有一斗半升的水救救我吗?'我说:'好,我正要到南方去游说吴越的国王,请他们把西江的水引上来营救你,好吗?'鲫鱼气愤地变了脸色说:'我失掉了赖以生活的水,已经没法生存,我只求你给我一斗半升的水就能活命,你却说出这样的话。如果等你把西江水引来,我早就没命了,你还不如到干鱼摊上找我呢?'"

13. 廉颇蔺相如列传(节选)

司马迁

【原文与译文】

1

廉颇者,赵之良将也。

廉颇是赵国的一名优秀的将军。

赵惠文王十六年,廉颇为赵将,伐齐,大破之,取阳晋,拜为上卿,以勇气闻于诸侯。

赵惠文王十六年,廉颇做赵国的将领,率兵去攻打齐国,大败齐军,攻占了阳晋,于是被封为上卿,以勇猛善战闻名于各诸侯国。

2

蔺相如者,赵人也。为赵宦者令缪贤舍人。

蔺相如是赵国人。他是赵国宦官头目缪贤的门客。

3

赵惠文王时,得楚和氏璧。

赵惠文王的时候,赵国得到了楚国的和氏璧。

秦昭王闻之,使人遗赵王书,愿以十五城请易璧。

秦昭王知道了这件事以后,就派人给赵王送信,表示愿意用十五座城邑来换取和氏璧。

赵王与大将军廉颇诸大臣谋:欲予秦,秦城恐不可得,徒见欺;

赵王跟大将军廉颇以及各位大臣商议：如果把和氏璧给秦国，秦国的城邑恐怕得不到手，只能是白白地受骗；

欲勿予，即患秦兵之来。计未定，求人可使报秦者，未得。

如果不给秦国和氏璧，则担心秦国会出兵攻打赵国。拿不定主意，又找不到可派去回复秦国的人。

4

宦者令缪贤曰："臣舍人蔺相如可使。"

宦官头目缪贤说："我的门客蔺相如可以出使。"

王问："何以知之？"

赵王问："你根据什么知道他可以呢？"

对曰："臣尝有罪，窃计欲亡走燕。

缪贤回答说："我曾经犯过罪，私下打算逃亡到燕国去。

臣舍人相如止臣曰：'君何以知燕王？'臣语曰，臣尝从大王与燕王会境上，燕王私握臣手曰，'愿结友'，以此知之，故欲往。

我的门客蔺相如阻止我说：'您凭什么知道燕王会收容您呢？'我告诉他说，我曾跟从大王在我国边境上与燕王相会，燕王私下握着我的手说：'愿意和你交个朋友'，我就凭这个知道他了，所以打算去他那里。

相如谓臣曰：'夫赵强而燕弱，而君幸于赵王，故燕王欲结于君。

蔺相如对我说：'如今赵国强，燕国弱，您又受赵王宠幸，所以燕王想要和您结交。

今君乃亡赵走燕，燕畏赵，其势必不敢留君，而束君归赵矣。

现在您要从赵国逃奔到燕国，燕国害怕赵国，这种形势下燕王必定不敢收留您，反而还会把您捆绑起来送回赵国。

君不如肉袒伏斧质请罪,则幸得脱矣。'臣从其计,大王亦幸赦臣。

您不如赤身伏在斧质上请罪,这样也许侥幸能够免罪。'臣听从了他的意见,大王也开恩赦免了我。

臣窃以为其人勇士,有智谋,宜可使。"

我私下认为蔺相如是个勇士,有智谋,应该是可以出使的。"

5

于是王召见,问蔺相如曰:"秦王以十五城请易寡人之璧,可予不?"

于是赵王召见蔺相如,问他:"秦王打算用十五座城换我的和氏璧,能不能给他?"

相如曰:"秦强而赵弱,不可不许。"

相如说:"秦国强,赵国弱,不能不答应他。"王曰:"取吾璧,不予我城,奈何?"赵王说:"得了我的和氏璧,不给我城邑,怎么办?"

相如曰:"秦以城求璧而赵不许,曲在赵;赵予璧而秦不予赵城,曲在秦。均之二策,宁许以负秦曲。"

相如说:"秦王请求用城换璧,而赵国如果不答应,赵国理亏;赵国给了璧,而秦国不给赵国城邑的话,那就是秦国理亏。比较这两个计策,宁可答应给秦国璧,使它承担理亏的责任。"

王曰:"谁可使者?"

赵王问:"可以派谁去呢?"

相如曰:"王必无人,臣愿奉璧往使。

相如说:"大王一定是无人可派了,臣愿捧护和氏璧出使秦国。

城入赵而璧留秦;

城邑归属赵国了,就把璧留给秦国;

城不入,臣请完璧归赵。"

城邑不给赵国,请让我把璧完好无缺地带回赵国。"

赵王于是遂遣相如奉璧西入秦。

赵王于是就派蔺相如带着和氏璧西行入秦。

6

秦王坐章台见相如。

秦王坐在章台宫接见蔺相如。

相如奉璧奏秦王。

相如捧璧献给秦王。

秦王大喜,传以示美人及左右,左右皆呼万岁。

秦王非常高兴,把璧传给妃嫔及左右侍从看,群臣高呼万岁。

相如视秦王无意偿赵城,乃前曰:"璧有瑕,请指示王。"

相如看出秦王没有要把城邑给赵国的意思,就走上前去说:"璧上有点毛病,请让我指给大王看。"

王授璧。

秦王把璧交给相如。

相如因持璧却立,倚柱,怒发上冲冠,

相如于是手持璧退后几步站定,背靠着柱子,怒发冲冠,

谓秦王曰:"大王欲得璧,使人发书至赵王,赵王悉召群臣议,皆曰:'秦贪,负其强,以空言求璧,偿城恐不可得。'

对秦王说:"大王想要得到和氏璧,派人送信给赵王,赵王召集所有大臣商议,大家都说:

'秦国贪婪,倚仗它强大,想用空话得到和氏璧,给我们的城邑恐怕得不到。'

议不欲予秦璧。臣以为布衣之交尚不相欺,况大国乎?

打算不将和氏璧给秦国。我以为平民之间的交往尚且不相互欺骗,何况是大国之间的交往呢!

且以一璧之故逆强秦之欢,不可。

况且为了一块璧的缘故惹得强大的秦国不高兴,也是不应该的。

于是赵王乃斋戒五日,使臣奉璧,拜送书于庭。何者?严大国之威以修敬也。

于是赵王斋戒了五天,派我捧璧,在朝廷上将国书交给我。为什么要这样呢?是尊重大国的威望而修饰礼仪表示敬意呀。

今臣至,大王见臣列观,礼节甚倨,得璧,传之美人,以戏弄臣。

现在我来到秦国,大王却在一般的宫殿接见我,礼节十分傲慢,得到璧后又将它传给妃嫔们看,以此来戏弄我。

臣观大王无意偿赵王城邑,故臣复取璧。

我看大王无意补偿给赵国十五座城邑,所以又把璧取回来。

大王必欲急臣,臣头今与璧俱碎于柱矣!"

大王如果一定要逼迫我,我的头现在就与和氏璧一齐撞碎在柱子上!"

7

相如持其璧睨柱,欲以击柱。秦王恐其破璧,乃辞谢,固请,召有司案图,指从此以往十五都予赵。

相如手持璧玉,斜视着柱子,就要向柱子上撞去。秦王怕他真把璧撞碎,就婉言道歉,坚决要求他不要以璧击柱,并召来负责的官吏察看地图,指明要把从这里到那里的十五座城划归赵国。

8

相如度秦王特以诈佯为予赵城,实不可得,

相如估计秦王只不过以欺诈的手段假装给赵国城邑,实际上赵国是不可能得到这些城邑的,

乃谓秦王曰:"和氏璧,天下所共传宝也,赵王恐,不敢不献。

他就对秦王说:"和氏璧是天下公认的宝物,赵王敬畏大王,不敢不献出来。

赵王送璧时斋戒五日。

赵王送璧的时候,斋戒了五天。

今大王亦宜斋戒五日,设九宾于廷,臣乃敢上璧。"

现在大王也应斋戒五天,在朝堂上安设"九宾"的礼节,我才敢献上和氏璧。"

秦王度之,终不可强夺,遂许斋五日,舍相如广成传舍。

秦王估量此事,终究不能强夺,就答应斋戒五天,把相如安置在广成宾馆里住宿。

9

相如度秦王虽斋,决负约不偿城,乃使其从者衣褐,怀其璧,从径道亡,归璧于赵。

相如估计秦王虽然答应斋戒,也必定违背信约,不给赵国城邑,就派他的随从穿着粗布衣服,怀揣着和氏璧,从小路逃走,把璧送回赵国。

10

秦王斋五日后,乃设九宾礼于廷,引赵使者蔺相如。

秦王斋戒五天后,就在朝廷上设了有"九宾"的礼仪,延请赵国使者蔺相如。

相如至,谓秦王曰:"秦自缪公以来二十余君,未尝有坚明约束者也。

相如来到后,对秦王说:"秦国自从穆公以来的二十多位国君,不曾有一个是坚守约定的。

臣诚恐见欺于王而负赵,故令人持璧归,间至赵矣。

我实在是怕被大王欺骗而对不起赵国,所以派人带着璧回去,从小路已经到达赵国了。

且秦强而赵弱,大王遣一介之使至赵,赵立奉璧来。

再说秦国强大而赵国弱小,大王派一个使臣到赵国去,赵国会立刻捧着璧送来。

今以秦之强而先割十五都予赵,赵岂敢留璧而得罪于大王乎?

现在凭借秦国的强大,先割十五座城池给赵国,赵国怎么敢留下和氏璧而得罪大王呢?

臣知欺大王之罪当诛,臣请就汤镬。唯大王与群臣孰计议之。"

我知道欺骗大王的罪过应该处死,我请求受汤镬之刑。希望大王和大臣们仔细考虑商议这件事。"

11

秦王与群臣相视而嘻。

秦王和群臣面面相觑,发出无可奈何的声音。

左右或欲引相如去,秦王因曰:"今杀相如,终不能得璧也,而绝秦赵之欢。

侍从中有人想要拉相如离开朝堂加以处置,秦王就说:"现在杀了蔺相如,终究还是得不到和氏璧,反而断绝了秦、赵两国的友好关系。

不如因而厚遇之,使归赵。

不如趁此好好款待他,让他回赵国去。

赵王岂以一璧之故欺秦邪?"

赵王难道会为了一块璧的缘故而欺骗秦国吗?"

卒廷见相如,毕礼而归之。

终于在朝堂上接见相如,举行完廷见的外交大礼后送他回国。

12

相如既归,赵王以为贤大夫,使不辱于诸侯,拜相如为上大夫。

相如回国之后,赵王认为他是个贤能的大夫,出使到诸侯各国能不受欺辱,就任命他做上大夫。

13

秦亦不以城予赵,赵亦终不予秦璧。

秦国没有把城邑给赵国,赵国也始终没有把璧给秦国。

14

其后秦伐赵,拔石城。

后来,秦国攻打赵国,攻下了石城。

明年复攻赵,杀二万人。

第二年秦军再次攻赵,杀了赵国两万人。

秦王使使者告赵王,欲与王为好,会于西河外渑池。

秦国派使臣告诉赵王,打算与赵王和好,在西河外渑池相会。

赵王畏秦,欲毋行。

赵王害怕秦国,想不去。

廉颇蔺相如计曰:"王不行,示赵弱且怯也。"赵王遂行。相如从。

廉颇、蔺相如商量说:"大王如果不去,显得赵国既软弱又怯懦胆小。"赵王于是前往赴会,相如随行。

廉颇送至境,与王决曰:"王行,度道里会遇之礼毕,还,不过三十日。

廉颇送到边境,和赵王辞别说:"大王这次出行,估计一路行程和会见的礼节完毕,直到回国,不会超过三十天。

三十日不还,则请立太子为王,以绝秦望。"

如果三十天还没回来,就请允许我立太子为王,以便断绝秦国要挟胁迫的念头。"

王许之。遂与秦王会渑池。

赵王同意廉颇的建议。就和秦王在渑池会见。

15

秦王饮酒酣,曰:"寡人窃闻赵王好音,请奏瑟。"

秦王喝酒喝到酒兴正浓时说:"我私下里听说赵王喜好音乐,请赵王弹弹瑟吧。"

赵王鼓瑟。秦御史前书曰:"某年月日,秦王与赵王会饮,令赵王鼓瑟。"

赵王就弹起瑟来。秦国的史官走上前来写道:"某年某月某日,秦王与赵王会盟饮酒,让赵王弹瑟。"

蔺相如前曰:"赵王窃闻秦王善为秦声,请奉盆缻秦王,以相娱乐。"

蔺相如走向前去说:"赵王私下听说秦王善于演奏秦地的乐曲,请允许我献盆缶给秦王,借此互相娱乐吧!"

秦王怒,不许。

秦王发怒,不答应。

于是相如前进缻,因跪请秦王。秦王不肯击缻。

这时相如向前递上瓦缶,趁势跪下请求秦王敲击演奏。秦王不肯击缶。

相如曰:"五步之内,相如请得以颈血溅大王矣!"

相如说:"在这五步之内,请让我能够拿我头颈上血溅在大王身上了!"

左右欲刃相如,相如张目叱之,左右皆靡。

秦王身边的侍从要杀相如,相如瞪着眼睛呵斥他们,他们都退却了。

于是秦王不怿,为一击缻。

于是秦王很不高兴,只好为赵王敲了一下瓦缶。

相如顾召赵御史书曰:"某年月日,秦王为赵王击缻。"

相如回头召赵国史官写道:"某年某月某日,秦王为赵王击缻。"

秦之群臣曰:"请以赵十五城为秦王寿。"

秦国的众臣说:"请赵王用赵国的十五座城给秦王献礼。"

蔺相如亦曰:"请以秦之咸阳为赵王寿。"

蔺相如也说:"请把秦国的都城咸阳送给赵王献礼。"

16

秦王竟酒,终不能加胜于赵。

直到酒宴结束,秦王始终未能占赵国的上风。

赵亦盛设兵以待秦,秦不敢动。

赵国也部署了大批军队来防备秦国,秦国也不敢有什么举动。

17

既罢,归国,以相如功大,拜为上卿,位在廉颇之右。

渑池之会结束之后,回到赵国,蔺相如由于功劳大,被封为上卿,位在廉颇之上。

18

廉颇曰:"我为赵将,有攻城野战之大功,而蔺相如徒以口舌为劳,而位居我上。

廉颇说:"我是赵国的大将,有攻城野战的大功,而蔺相如只凭言词立下功劳,他的职位却在我之上。

且相如素贱人,吾羞,不忍为之下!"

再说相如本来是卑贱的人,我感到羞耻,不甘心自己的职位在他之下!"

宣言曰:"我见相如,必辱之。"相如闻,不肯与会。

扬言说:"我遇见相如,一定要羞辱他。"相如听到这些话后,不肯和他见面。

相如每朝时,常称病,不欲与廉颇争列。

每逢上朝时常常推说有病,不愿跟廉颇争位次。

已而相如出,望见廉颇,相如引车避匿。

过了些时候,相如出门,远远看见廉颇,就叫掉转车子避开他。

19

于是舍人相与谏曰:"臣所以去亲戚而事君者,徒慕君之高义也。

于是相如的门客就一齐规谏说:"我们离开亲人来侍奉您,不过是因为仰慕您高尚的品德和节义啊。

今君与廉颇同列,廉君宣恶言,而君畏匿之,恐惧殊甚。

现在您与廉颇将军职位相同,廉将军口出恶言,您却害怕他躲避他,怕得太过分了。

且庸人尚羞之,况于将相乎!

就是普通人对这种情况也感到羞耻,更何况是将相呢!

臣等不肖,请辞去。"

我们没有才能,请允许我们告辞离开吧!"

蔺相如固止之,曰:"公之视廉将军孰与秦王?"

蔺相如坚决挽留他们,说:"你们看廉将军与秦王相比哪个厉害?"

曰:"不若也。"

门客回答说:"廉将军不如秦王厉害。"

相如曰:"夫以秦王之威,而相如廷叱之,辱其群臣。相如虽驽,独畏廉将军哉?

相如说:"以秦王那样的威势,我蔺相如却敢在秦国的朝廷上呵斥他,羞辱他的群臣。相如虽然才能低下,难道偏偏害怕廉将军吗?

顾吾念之,强秦之所以不敢加兵于赵者,徒以吾两人在也。

只是我想到,强大的秦国之所以不敢轻易对赵国用兵,只是因为有我们两人在啊!

今两虎共斗,其势不俱生。

现在如果两虎相斗,势必不能共存。

吾所以为此者,以先国家之急而后私仇也。"

我之所以这样做,是因以国家之急为先而以私仇为后啊!"

20

廉颇闻之,肉袒负荆,因宾客至蔺相如门谢罪,

廉颇听到这话,就脱去上衣,露出上身,背着荆条,由门客引导到蔺相如的门前请罪,

曰:"鄙贱之人,不知将军宽之至此也!"

说:"我这粗陋卑贱的人,想不到将军宽容我到这样的地步啊!"

21

卒相与欢,为刎颈之交。

两人终于相互交欢和好,成为生死与共的朋友。

【资料与背景】

一、作家作品

司马迁(约前145—约前90年),字子长,西汉夏阳(今陕西韩城南)人,伟大的史学家、文学家、思想家。其父司马谈是汉朝太史令。后世将其与《资治通鉴》的作者司马光并称"史界两司马",与司马相如合称"文章西汉两司马"。

《史记》是我国第一部纪传体通史,是二十四史书之首,全书分12本纪,10表,8书,30世家,70列传,共130篇,52万余字,记载了中国从传说中的黄帝到汉武帝长达3000余年间的历史。《史记》与《汉书》(班固)、《后汉书》(范晔、司马彪)、《三国志》(陈寿)合称"前四史"。与宋代司马光编撰的《资治通鉴》并称"史学双璧"。鲁迅称《史记》为"史家之绝唱,无韵之《离骚》"。

二、背景纵览

战国(前403—前221年)是一个兼并剧烈的历史时期。本文所叙史实发生在前283年到前279年之间,正值战国中期之末。在此之前,秦早已占领了巴蜀,并夺取魏在河西的全部土地,又多次大败楚军,初步形成了统一全国的趋势。在此期间,秦以主力图楚,前280年秦取楚上庸(今湖北房县、均县等地)及汉水北岸,前278年秦将白起攻破郢都(今湖北江陵),逼楚迁都于陈(今河南淮阳)。尽管如此,秦仍未停止对赵的进攻,所以如何对付秦的挑战已成为赵国安危之所系的大问题。廉颇和蔺相如就是在这个历史舞台上起关键作用的人物。赵依仗二人,军事上严密戒备,外交上不卑不亢,维护了国家尊严,保障了国家安全。本文着重记叙了二人团结合作、与强秦抗争的故事。

【内容与特色】

一、内容简析

原传是廉颇、蔺相如、赵奢、李牧四人合传,涉及时间60多年。本课文节选是原传第一部分。由于蔺相如的主要事迹集中在60多年中的前4、5年,而廉颇主要事迹分散在60多年各个阶段,所以这部分蔺相如写得较详细,廉颇较略。

节选部分选取了"完璧归赵""渑池之会""廉蔺交欢"三个典型事件,生动地表现了蔺相如大智大勇、威武不屈、不畏强暴的形象及其从大局出发的崇高精神,同时也凸显了廉颇忠于国家、勇于改过的可贵品质。故事情节的推进及人物形象的塑造是在秦赵之间冲突这一主要矛盾和廉蔺二人之间的内部矛盾的发展变化中进行的。

文章可以分为四个部分。

第一部分(第1、2自然段),介绍廉颇、蔺相如的身份和地位,突出了两个人在赵国的不同地位,埋下日后将相不和的伏笔。

第二部分(第3—13自然段),写完璧归赵。这部分可以分三个层次。

第一层(第3—5自然段),写蔺相如奉璧出使。

第二层(第6—11自然段),写蔺相如和秦王之间的斗争。由献璧取璧、归璧于赵、廷斥秦王三个回合构成。

第三层(第12、13自然段),蔺相如因"完璧归赵"加官。

第三部分(第14—16自然段),写渑池之会。这部分可以分两个层次。

第一层(第14、15自然段),会前计议。

第二层(第16自然段),会上斗争及结果。

第四部分(第17—21自然段),写廉蔺交欢。这部分可以分两个层次。

第一层(第17自然段),蔺相如因功拜为上卿。

第二层(第18—21自然段),具体写廉蔺交欢的过程。

二、写作特色

1. 选材典型事件。司马迁为了要表现廉颇、蔺相如的主要性格特征,不是给廉颇、蔺相如各开一张履历表,而是选择了"完璧归赵""渑池之会""负荆请罪"三件事来写。这三件事反映了两种矛盾:一是秦、赵两国之间的矛盾,一是廉、蔺两人之间的矛盾。前一个矛盾发展的后果,是构成后一个矛盾的原因。通过这两种矛盾冲突,廉颇和蔺相如的主要性格特征得到了充分的展示。

2. 立足矛盾冲突。作者始终将人物置于尖锐的矛盾冲突之中,使人物特征鲜明突出。

3. 注重细节刻画。富有特征性的细节描写,对于重大事件来说,能使人物形象更加丰满。

4. 运用个性化语言。人物语言个性化,是揭示人物性格特征的重要手段。

5. 采用对比衬托。蔺相如和廉颇两个人物,性格有同有异,一主一次,一详一略,相映生辉。"完璧归赵""渑池之会""负荆请罪"三件事中,特别是前两件事,作者着力写蔺相如,笔墨酣畅,具体入微;写廉颇则较简略。在三个历史故事中,有关廉颇的素材,几乎被作者提炼到"浓缩"的程度。作者之所以对蔺相如详写,而对廉颇略写,就是因为蔺相如是一个忠于赵国的、智勇双全的、出色的外交家,他在秦、赵两国的矛盾斗争中所起的作用自然大于廉颇,在当时历史发展的进程中所起的作用比廉颇显著。运用衬托手法,使主要人物相得益彰,形象显得更加鲜明突出。

【字词与句式】

一、字音

缪(miào)贤　　渑(miǎn)池　　不怿(yì)　　传舍(zhuàn)

汤镬(huò)　　盆缶(fǒu)　　驽(nú)　　避匿(nì)

肉袒(tǎn)　　列观(guàn)　　皆靡(mǐ)　　衣(yì)褐

睨(nì)柱　　甚倨(jù)

二、字义

(1)舍人:门客。

(2)使人遗赵王书:遗,送。书,书信。

(3)即患秦兵之来:忧虑。

(4)不可不许:答应。

(5)曲在赵:理亏。

(6)秦贪,负其强:倚仗。

(7)固请:坚决。

(8)以一璧之故逆强秦之欢:违背。

(9)严大国之威:尊重。

(10)间至赵矣:从小路。

(11)特以诈佯为予赵:只,不过。

(12)引赵使者蔺相如:延请。

(13)拔石城:攻取。

(14)左右欲引相如去:引,牵、拉。去,离开。

(15)不如因而厚遇之:对待。

(16)为赵王寿:向人敬酒或献礼。

(17)且相如素贱人:且,况且。素,向来、本来。

三、文言现象

1. 通假字

(1)肉袒伏斧质("质"通"锧",铁砧)

(2)可与不("不"通"否")

(3)拜送书于庭("庭"通"廷")

(4)召有司案图("案"通"按",审察、察看)

(5)设九宾于廷("宾"通"傧")

(6)秦自缪公以来("缪"通"穆")

(7)孰计议之("孰"通"熟",仔细)
(8)请奏盆缻秦王("缻"通"缶")
(9)臣愿奉璧往使("奉"通"捧",双手捧着)
(10)相如度秦王特以诈详为予赵城("详"通"佯",假装)

2. 一词多义

负:

(1)宁许以负秦曲(使……承担)

(2)秦贪,负其强(仗着、凭借)

(3)决负约不偿城(违背)

(4)见欺于王而负赵(辜负、对不起)

(5)廉颇闻之,肉袒负荆(背着)

幸:

(1)而君幸于赵王(宠幸)

(2)大王亦幸赦臣(幸而)

引:

(1)引赵使者蔺相如(延请)

(2)欲引相如去(牵、拉)

(3)相如引车避匿(掉转)

使:

(1)使人遗赵王书(派、派遣)

(2)求人可使报秦者(出使)

(3)遣一介之使(使臣、使者)

(4)使归赵(让)

计:

(1)计未定(计策)

(2)窃计欲亡走燕(打算)

(3)臣从其计(主意)

(4)廉颇蔺相如计曰(商量、商议)

见:

(1)徒见欺(被)

(2)于是王召见(接见)

(3)我见相如(看见、遇见)

顾:

(1)顾召赵御史书曰(回头)

(2) 顾吾念之（只是、不过）

拜：

(1) 拜为上卿（授予官职）

(2) 拜送书于庭（叩拜）

以：

(1) 以勇气闻于诸侯（凭着,介词）

(2) 愿以十五城请易璧（用,介词）

(3) 严大国之威以修敬也（同"而",连词）

(4) 以绝秦望（同"而",可译为"来",连词）

(5) 以先国家之急而后私仇也（因为,连词）

因：

(1) 相如因持璧却立（于是、就,副词）

(2) 不如因而厚遇之（趁此,介词）

(3) 因宾客至蔺相如门谢罪（通过、经由,介词）

为：

(1) 廉颇为赵将（做、担当,动词）

(2) 为赵宦者令缪贤舍人（是,动词）

(3) 为一击缶（替、给,介词）

(4) 以口舌为劳（做,引申为"立下",动词）

(5) 为刎颈之交（成为,动词）

3. 古今异义

(1) 窃计欲亡走燕（走：古义,跑；今义,行）

(2) 请指示王（指示：古义指出来给……看；今义指上级给下级的指令）

(3) 明年,复攻赵（明年：古义指第二年；今义指下一年）

(4) 于是赵王乃斋戒五日/于是舍人相与谏曰（于是：古义为在这种情况下；今义表示承接关系的连词）

(5) 于是相如前进（前进：古义为走上前献上；今义指向前行动或发展）

(6) 宣言曰（宣言：古义为扬言；今义指表示政见的公告）

(7) 臣所以去亲戚而事君（"所以"：古义为"……的原因"；今义为表示结果的连词。"亲戚"：古义指内亲外戚；今义指跟自己家庭有婚姻关系的家庭或成员 ）

4. 词类活用

(1) 名词用作状语

奉璧西入秦（向西）

间至赵矣（从小路）

卒廷见相如/而相如廷叱之（在朝堂上）

(2) 名词用作动词

秦御史前书曰（前：上前）

臣乃敢上璧（上：献上）

怒发上冲冠（上：向上竖起）

舍相如广成传舍（舍：安置）

乃使其从者衣褐（衣：穿）

赵王鼓瑟（鼓：弹）

左右欲刃相如（刃：用刀杀）

去亲戚而事君（事：侍奉、服侍）

(3) 形容词用作动词

严大国之威以修敬也（严：尊重）

未尝有坚明约束者（坚明：信守、恪守）

秦王善为琴声（善：擅长、善于）

不知将军宽之至此也（宽：宽待）

(4) 使动用法

宁许以负秦曲（负：使……承担）

归璧于赵（归：使……归）

臣请完璧归赵（完：使……完好无损）

大王必欲急臣（急：使……急，逼迫）

秦王恐其破璧（破：使……破）

毕礼而归之（毕：使……完毕；归：使……归）

(5) 意动用法

且庸人尚羞之（羞：以……为羞）

以先国家之急而后私仇也（先：以……为先；后：以……为后）

5. 特殊句式

(1) 倒装句：

① 宾语前置

何以知之？——即"以何知之"，你根据什么知道他可以呢？

君何以知燕王？——即"君以何知燕王"，您凭什么知道燕王会收容您呢？

② 定语后置

求人可使报秦者——即"求可出使报秦的人"，寻求可以出使回复秦国的人。

③ 介词结构后置

以勇气闻于诸侯——即"以勇气于诸侯闻"，凭着勇猛善战在各诸侯国闻名。

故燕王欲结于君——即"故燕王欲于君结",所以燕王想要和您结交。

臣头今与璧俱碎于柱矣——即"臣头今与璧俱于柱碎",我的头现在就与和氏璧一齐在柱子上撞碎。

设九宾于廷——即"于廷设九宾",在朝堂上安设"九宾"的礼节。

（2）判断句

廉颇者,赵之良将也。（用"……者,……也"表示判断）

蔺相如者,赵人也。（用"……者,……也"表示判断）

和氏璧,天下共所共传宝也。（用"……也"表示判断）

臣所以去亲戚而事君者,徒慕君之高义也。（用"所以……,……也"表因果关系的判断）

吾所以为此者,以先国家之急而后私仇也。（用"……者,……也"表示判断）

（3）被动句

而君幸于赵王（用"于"表被动）

秦城恐不可得,徒见欺（用"见"表被动）

使不辱于诸侯（用介词"于"表被动）

恐见欺于王而负赵（用"见……于……"格式表被动）

四、成语积累

完璧归赵:本指蔺相如将和氏璧完好地从秦国送回赵国。后比喻把原物完好地归还本人。

怒发冲冠:指愤怒得头发直竖,顶着帽子。形容极端愤怒。

布衣之交:平民之间的交往、友谊。也指显贵与无官职的人相交往。

负荆请罪:背着荆杖,表示服罪,向当事人请罪。形容主动向人认错、道歉,自请严厉责罚。

刎颈之交:比喻可以同生死、共患难的朋友。

【重点与难点】

一、选择题

1.下列各句中不含通假字的一项是(　　)。

A.拜送书于庭

B.臣愿奉璧往使

C.从径道亡

D.可予不

2.下列各句中加点词的活用类型与例句相同的一项是(　　)。

例:毕礼而归之

A.我见相如,必辱之

B.严大国之威以修敬也

C. 以先国家之急而后私仇也

D. 五十者可以衣帛矣

3. 下列各句中的句式与例句相同的一项是(　　)。

例：臣所以去亲戚而事君者，徒慕君之高义也

A. 强秦之所以不敢加兵于赵者，徒以吾两人在也

B. 公之视廉将军孰与秦王

C. 徒见欺

D. 大王来何操

二、阅读

4. 解释下列加点的词语。

(1)相如请得以颈血溅大王矣

(2)以先国家之急而后私仇也

5. "臣所以去亲戚而事君者，徒慕君之高义也"是什么句式？

6. 用现代汉语翻译下列句子。

(1)欲予秦，秦城恐不可得，徒见欺；欲勿予，即患秦兵之来。

(2)以城求璧而赵不许，曲在赵；赵予璧而秦不予赵城，曲在秦。均之二策，宁许以负秦曲。

7. 文中主要写了哪几件大事？从中可以看出廉颇蔺相如各有什么样的性格特点？

【阅读与拓展】

和氏献璧

【韩非子】

楚人和氏得玉璞楚山中，奉而献之厉王。厉王使玉人相之，玉人曰："石也。"王以和为诳，

而刖其左足。及厉王薨,武王即位,和又奉其璞而献之武王。武王使玉人相之,又曰:"石也。"王又以和为诳,而刖其右足。武王薨,文王即位,和乃抱其璞而哭于楚山之下,三日三夜,泣尽而继之以血。王闻之,使人问其故。曰:"天下之刖者多矣,子奚哭之悲也?"和曰:"吾非悲刖也,悲夫宝玉而题之以石,贞士而名之以诳,此吾所以悲也。"王乃使玉人理其璞而得宝焉,遂命曰:"和氏之璧。"

译　文:

楚国的卞和在楚山中得到一块未经雕琢的璞玉,拿去献给楚国国君厉王。厉王叫玉匠鉴别,玉匠说:"这是一块普通的石头呀!"厉王认为卞和是个骗子,把卞和的左脚砍掉了。楚厉王死了以后,武王当了楚国的国君。卞和又捧着那块璞玉献给武王。武王又叫玉匠鉴定。玉匠又说:"这是一块普通的石头呀!"武王也认为卞和是个骗子,又把卞和的右脚砍掉了。武王死了以后,文王继承了王位。卞和于是抱着璞玉在楚山脚下痛哭了几天几夜,眼泪哭干了,连血也哭出来了。文王听到这事,便派人去问卞和,说:"天下被砍掉双脚的人多得很,为什么唯独你哭得这样伤心呢?"卞和回答说:"我并不是伤心自己的脚被砍掉了,我所悲痛的是宝玉竟被说成石头,忠诚的好人被当成骗子,这才是我最伤心的原因啊。"文王便叫玉匠认真加工琢磨这块璞玉,果然发现这是一块稀世的宝玉,于是把它命名为"和氏之璧"。

廉颇蔺相如列传(节选)
【司马迁】

廉颇居梁久之,魏不能信用。赵以数困于秦兵,赵王思复得廉颇,廉颇亦思复用于赵。赵王使使者视廉颇尚可用否,廉颇之仇郭开多与使者金,令毁之。赵使者既见廉颇,廉颇为之一饭斗米,肉十斤,被甲上马,以示尚可用。赵使还报王曰:"廉将军虽老,尚善饭,然与臣坐,顷之三遗矢矣。"赵王以为老,遂不召。

译　文:

廉颇在大梁住久了,魏国对他不能信任重用。赵国由于屡次被秦兵围困,赵王就想重新用廉颇为将,廉颇也想再被赵国任用。赵王派了使臣去探望廉颇,看看他还能不能任用。廉颇的仇人郭开用重金贿赂使者,让他回来后说廉颇的坏话。赵国使臣见到廉颇之后,廉颇当他的面一顿饭吃了一斗米、十斤肉,又披上铁甲上马,表示自己还可以被任用。赵国使者回去向赵王报告说:"廉将军虽然已老,饭量还很不错,可是陪我坐着时,一会儿就拉了几次屎。"赵王认为廉颇老了,就不再把他召回了。

14.《伶官传》序

欧阳修

【原文与译文】

1

呜呼！盛衰之理，虽曰天命，岂非人事哉！原庄宗之所以得天下，与其所以失之者，可以知之矣。

唉！国家兴盛与衰亡的命运，虽然说是天命，难道不是由于人事吗？推究庄宗得天下和他失天下的原因，就可以知道这个道理了。

2

世言晋王之将终也，以三矢赐庄宗而告之曰："梁，吾仇也；燕王，吾所立，契丹与吾约为兄弟，而皆背晋以归梁。

世人说晋王将死的时候，拿三支箭赐给庄宗，告诉他说："梁国，是我的仇敌；燕王，是我扶持建立起来的，契丹与我订立盟约，结为兄弟，他们却都背叛晋而归顺梁。

此三者，吾遗恨也。与尔三矢，尔其无忘乃父之志！"

这三件事，是我的遗留的仇恨。给你三支箭，你一定不要忘记你父亲的愿望。"

庄宗受而藏之于庙。其后用兵，则遣从事以一少牢告庙，请其矢，盛以锦囊，负而前驱，及凯旋而纳之。

庄宗接了箭，并在祖庙里把它收藏好。此后出兵，就派随从官员用猪、羊各一头祭告祖庙，请下那三支箭，用锦囊装着，背着它走在前面，等到凯旋时再把箭藏入祖庙。

3

方其系燕父子以组，函梁君臣之首，入于太庙，还矢先王，而告以成功，其意气之盛，可谓壮哉!

当庄宗用绳子捆绑着燕王父子,用木匣装着梁君臣的首级,进入太庙,把箭还给先王,把成功的消息禀告先王的时候,他意气骄盛,多么雄壮啊!

及仇雠已灭,天下已定,一夫夜呼,乱者四应,仓皇东出,未及见贼而士卒离散,君臣相顾,不知所归,至于誓天断发,泣下沾襟,何其衰也!

等到仇敌已经消灭,天下已经平定,一个人在夜间呼喊,作乱的人便在四方响应,他匆忙向东出逃,还没有看到叛军,士卒就离散了,君臣相对而视,不知回到哪里去,以至于对天发誓,割下头发,大家的泪水沾湿了衣襟,又是多么衰颓啊!

岂得之难而失之易欤?抑本其成败之迹,而皆自于人欤?

难道是得天下艰难而失天下容易吗?或者说推究他成功与失败的事迹,都是由于人事呢?

《书》曰:"满招损,谦得益。"忧劳可以兴国,逸豫可以亡身,自然之理也。

《尚书》上说:"自满招来损害,谦虚得到好处。"忧虑辛劳可以使国家兴盛,安闲享乐可以使个人灭亡,这是自然的道理。

4

故方其盛也,举天下豪杰,莫能与之争;及其衰也,数十伶人困之,而身死国灭,为天下笑。

因此,当庄宗强盛的时候,普天下的豪杰,都不能跟他抗争;等到他衰败的时候,几十个伶人围困他,就自己丧命,国家灭亡,被天下人讥笑。

夫祸患常积于忽微,而智勇多困于所溺,岂独伶人也哉?

祸患常常是从细微的事情积累起来的,人的才智勇气往往被他溺爱的事物困扰,难道只是溺爱伶人才如此吗?

【资料与背景】

一、作家作品

欧阳修(1007—1072年),字永叔,号醉翁、六一居士,汉族,吉州永丰(今江西省吉安市永丰县)人,北宋政治家、文学家,且在政治上负有盛名。因吉州原属庐陵郡,以"庐陵欧阳修"自居。官至翰林学士、枢密副使、参知政事,谥号文忠,世称欧阳文忠公。后人又将其与韩愈、柳宗元和苏轼合称"千古文章四大家"。与韩愈、柳宗元、苏轼、苏洵、苏辙、王安石、曾巩一起被世人称为"唐宋散文八大家"。

欧阳修是在宋代文学史上最早开创一代文风的文坛领袖。领导了北宋诗文革新运动,继承并发展了韩愈的古文理论。他的散文创作的高度成就与其正确的古文理论相辅相成,从而开创了一代文风。欧阳修在变革文风的同时,也对诗风词风进行了革新。在史学方面,也取得了较高成就。

二、背景纵览

本文是为《新五代史·伶官传》所作的序,也可看作是一篇史论。《新五代史》是我国"二十四史"之一,原名《五代史记》,记载五代,即唐宋之间后梁、后唐、后晋、后汉、后周这五个朝代的历史。后人为了把这部书与北宋初年薛居正奉诏监修的《五代史》区别开来,就称为《新五代史》。

五代是我国历史上的动荡时期,短短53年间,先后换了四姓十四个国君,篡位、弑君现象屡见不鲜,战乱频繁,后唐庄宗就是被杀的一个。后唐庄宗李存勖称帝后,迷恋伶人,"常身与俳优(杂耍艺人)杂戏于庭,伶人由此用事",于是为败政乱国的伶官景进、史彦琼、郭从谦等人所惑。后叛乱四起,拥起重兵的伶官拒不发兵,而庄宗亲征又告败北,众叛亲离之期,伶官又乘危作乱,用乱箭射死了庄宗。《伶官传》是一篇合传。按照《新五代史》的体例,多数传文的前面有一段序文,用为评论史事。《〈伶官传〉序》就是欧阳修为《新五代史·伶官传》所作的序文,目的是评述伶官受宠幸而乱政的史实,总结历史教训,讽谏当时的北宋统治者。

【内容与特色】

一、内容简析

本文通过对后唐庄宗得天下、失天下的典型事例,阐述了国家盛衰主要是由人事决定,"忧劳可以兴国,逸豫可以亡身"的道理。作者作此序是为了告诫当时北宋王朝执政者:要吸取历史教训,居安思危,防微杜渐,励精图治,不应满足表面的繁荣。

文章可以分为三个部分。

第一部分(第1自然段),提出全文的论点,并以唐庄宗的事例为证。

第二部分(第2、3自然段),叙述庄宗得天下的艰辛过程,并对庄宗的"成败之迹"做了理论概括。

第三部分(第4自然段),引出教训,总结全文。

二、写作特色

1.缘事论理,气脉贯通。本文借后唐庄宗李存勖得天下而后失天下的历史教训,来阐述道理,讽谏北宋统治者。文章气脉贯通,前后呼应,散而不乱,结构严谨。

2.对比推理,醒豁服人。本文的中心论点是盛衰之理,由于人事。这一论点本身就是一个既正反对立又合而为一的命题。文章从中心论点到论据,从论证过程到结论,不论是所用的事例或史实,还是作者抒发的感慨和议论,都是对比性的。这样既突出了中心论点,使说理深刻、透彻,也使文章一气贯通,前后呼应,脉络清晰。

3.语言委婉,气势旺盛。文章作为一篇总结历史教训,为在世和后世君主提供借鉴的史论,毫无生硬的说教,而是娓娓道来,婉转动人。

【字词与句式】

一、字音

伶(líng)官　　　　　盛(chéng)以锦囊　　　　　誓天断发(fà)

系(jì)燕父子　　　　与尔三矢(shǐ)　　　　　　吾遗(yí)恨也

乱者四应(yìng)　　　困于所溺(nì)　　　　　　泣下沾襟(jīn)

仓皇(huáng)东出　　李存勖(xù)　　　　　　　成败之迹(jī)

二、字义

(1)伶官:伶,戏子,或唱戏杂技演员,现代的娱乐人员。伶官:宫庭里供统治者娱乐表演的人物。

(2)盛衰之理:理,道理。

(3)岂非人事哉:岂,难道。人事,指政治上的得失。

(4)原庄宗之所以得天下:原,推究,推其根本,形容词用作动词。

(5)世言晋王之将终也:世言,世人说。

(6)以三矢赐庄宗而告之:以,把。

(7)吾所立:立,即位。

(8)尔其无忘乃父之志:其,语气副词,表示期望、命令的语气,一定。乃:你的。

(9)则遣从事以一少牢告庙:从事,这里指负责具体事务的官员。少牢,祭品,用一猪一羊。牢,祭祀用的牲畜。

(10)盛以锦囊:锦囊,丝织的袋子。

(11)及凯旋而纳之:及,等到。凯:凯歌,打胜仗时所奏的曲子。旋:归、回。

(12)方其系燕父子以组:方,正当。系,捆绑。组,丝编的绳索,这里泛指绳索。

(13)函梁君臣之首:函,匣子,名词用作动词,指用匣子装。

(14)及仇雠已灭:仇雠,"雠"与"仇"同义,仇敌。

(15)至于誓天断发:断发,把发髻割下扔在地上,表示甘愿掉脑袋。

(16)抑本其成败之迹:抑,还是。本,探求、考察。

(17)逸豫可以亡身:逸豫,安闲快乐。
(18)夫祸患常积于忽微,而智勇多困于所溺:忽微,极细小的东西。所溺:沉溺迷恋的人或事物。

三、文言现象
1. 通假字
(1)尔其无忘乃父之志("无"通"毋")
(2)及仇雠已灭("雠"同"仇",仇人)

2. 一词多义
盛:
(1)盛衰之理,虽曰天命,岂非人事哉(兴盛)
(2)请其矢,盛以锦囊(装、装纳)
(3)其意气之盛,可谓壮哉(旺盛)
(4)方其盛也,举天下之豪杰,莫能与之争(强盛)

困:
(1)及其衰也,数十伶人困之(围困)
(2)智勇多困于所溺(困扰)
(3)秦无亡矢遗镞之费,而天下诸侯已困矣(困厄)
(4)安在公子能急人之困(困难)

告:
(1)以三矢赐庄宗而告之曰(告诉)
(2)遣从事以一少牢告庙(祭告)
(3)还矢先王,而告以成功(禀告)

微:
(1)祸患常积于忽微(微小的事)
(2)微指左公处,则席地倚墙而坐(悄悄地)
(3)从数骑出,微行入古寺(为隐藏身份而改装)
(4)微斯人,吾谁与归(如果没有)

其:
(1)尔其无忘乃父之志(副词,应当,一定)
(2)至于誓天断发,泣下沾襟,何其衰也(语气词,表感叹)
(3)其意气之盛,可谓壮哉(代词,他)
(4)圣人之所以为圣,愚人之所以为愚,其皆出于此乎?(大概,表揣测语气)

3. 古今异义词
(1)则遣从事以一少牢告庙(从事:古义指官名,这里泛指一类官;今义指干某项事业;处

理、处置;办理事务)

(2)虽曰天命,岂非人事哉(人事:古义,指政治上的得失。今义,关于工作人员的录用、培养、调配、奖惩等工作;人情事理)

(3)原庄宗之所以得天下(原:古义,推其根本。今义,最初的;本来)

(4)系燕父子以组(组:古义指丝带,这里指绳索;今义指结合、构成,量词,合成一体,小单位)

(5)与其所以失之者(与其:古义为"和他"。今义为在比较两件事的利害得失而决定取舍时,表示放弃或不赞成的一面)

(6)至于誓天断发(至于:古义相当于"以至于";今义表示某种程度。)

4.词类活用

(1)名词作状语。

负而前驱（向前）

仓皇东出（向东）

一夫夜呼（在夜里）

乱者四应（在四面）

(2)名词作动词。

函梁君臣之首（用匣子装）

抑本其成败之迹（探求、考察）

原庄宗之所以得天下（推究）

泣下沾襟（掉下）

契丹与吾约为兄弟（订立盟约）

(3)形容词作名词。

夫祸患常积于忽微（细小的事情）

而智勇多困于所溺（有勇有谋的人物）

(4)动词作名词。

而告以成功（成功的消息）

泣下沾襟（泪水）

(5)形容词作动词。

一夫夜呼,乱者四应（作乱）

(6)使动用法。

忧劳可以兴国,逸豫可以亡身（兴:使……兴盛;亡:使……灭亡）

5.特殊句式

(1)倒装句

①介词结构后置句

庄宗受而藏之于庙——即"庄宗受而于庙藏之",庄宗接了箭,并在祖庙里把它收藏好。

请其矢,盛以锦囊——即"以锦囊盛",用锦囊装。

方其系燕父子以组——即"方其以组系燕父子",当庄宗用绳子捆绑着燕王父子。

而告以成功——即"而以成功告",把成功的消息禀告先王的时候。

夫祸患常积于忽微,而智勇多困于所溺——即"夫祸患常于忽微积,而智勇多于所溺困",祸患常常是从细微的事情积累起来的,人的才智勇气往往被他溺爱的事物困扰。

(2)判断句

梁,吾仇也;燕王,吾所立/此三者,吾遗恨也/忧劳可以兴国,逸豫可以亡身,自然之理也。判断句,语气词"也",表判断。

(3)被动句

身死国灭,为天下笑——自己丧命,国家灭亡,被天下人讥笑。

祸患常积于忽微,而智勇多困于所溺——祸患常常是从细微的事情积累起来的,人的才智勇气往往被他溺爱的事物困扰。

(4)省略句

还矢先王,而告以成功——即"还矢于先王,而以成功告之",把箭还给先王,把成功的消息禀告(先王)的时候。

【重点与难点】

一、单项选择题

1. 下列句子中的"盛"字解释有误的一项是(　　　)。

A. 盛衰之理,虽曰天命,岂非人事哉(兴盛)

B. 请其矢,盛以锦囊(繁盛)

C. 其意气之盛,可谓壮哉(旺盛)

D. 方其盛也,举天下豪杰,莫能与之争(强盛)

2. 下列加点的"其"字用法不同于其他三项的一项是(　　　)。

A. 尔其无忘乃父之志

B. 其后用兵,则遣从事以一少牢告庙

C. 抑本其成败之迹

D. 以故其后名之曰"褒禅"

3. 下列句子没有活用现象的一项是(　　　)。

A. 忧劳可以兴国,逸豫可以亡身

B. 一夫夜呼,乱者四应

C. 岂得之难而失之易欤

D. 函梁君臣之首

二、阅读

4. 解释下列加点的词语。
(1)原庄宗之所以得天下

(2)系燕父子以组

5. "身死国灭,为天下笑"是什么句式?

6. 用现代汉语翻译下列句子。
(1)忧劳可以兴国,逸豫可以亡身,自然之理也。

(2)祸患常积于忽微,而智勇多困于所溺。

7. 综观全文,作者的中心论点是什么?是怎样证明论点的?用了哪种方法?

【阅读与拓展】

新五代史·伶官传

郭门高者,名从谦,门高其优名也。虽以优进,而尝有军功,故以为从马直指挥使。从马直,盖亲军也。从谦以姓郭,拜崇韬为叔父,而皇弟存义又以从谦为养子。崇韬死,存义见囚,从谦置酒军中,愤然流涕,称此二人之冤。是时,从马直军士王温宿卫禁中,夜谋乱,事觉被诛。庄宗戏从谦曰:"汝党存义、崇韬负我,又教王温反。复欲何为乎?"从谦恐,退而激其军士曰:"罄尔之资,食肉而饮酒,无为后日计也。"军士问其故,从谦因曰:"上以王温故,俟破邺,尽坑尔曹。"军士信之,皆欲为乱。

李嗣源兵反,向京师,庄宗东幸汴州,而嗣源先入。庄宗至万胜,不得进而还,军士离散,尚有二万余人。居数日,庄宗复东幸汜水,谋扼关以为拒。四月丁亥朔,朝群臣于中兴殿宰相对三刻罢。从驾黄甲马军阵于宣仁门、步军阵于五凤门以俟。庄宗入食内殿,从谦自营中露刃注矢,驰攻兴教门,与黄甲军相射。庄宗闻乱,率诸王卫士击乱兵出门。乱兵纵火焚门,缘城而入,庄宗击杀数十百人。乱兵从楼上射帝,帝伤重,踣于绛霄殿廊下,自皇后、诸王左右皆奔走。至午时,帝崩。五坊人善友,聚乐器而焚之。嗣源入洛,得其骨,葬新安之雍陵。以从谦为景州刺史,已而杀之。

《传》曰:"君以此始,必以此终。"庄宗好伶,而弑于门高,焚以乐器。可不信哉!可不戒哉!

译 文:

郭门高,名叫从谦,门高是他的艺名。虽然他是以艺人受到重用,但他曾立有军功,因此任命他为从马直指挥使。从马直是亲军。郭从谦因为姓郭,于是拜郭崇韬为叔父,而皇帝的弟弟李存义又把郭从谦当作养子。郭崇韬死后,李存义被囚禁,郭从谦在军中摆下酒,愤愤然流泪,说这两个人冤枉。这时,从马直军士王温在宫中值夜守卫,晚上策谋作乱,事情败露被杀。唐庄宗对郭从谦开玩笑说:"你的同党李存义、郭崇韬辜负了我,你又唆使王温反叛,还想做什么呢?"郭从谦恐惧,退下后煽动他的士兵说:"全部用掉你们的家财,吃肉喝酒,不要为以后做打算。"士兵们问他什么原因,郭从谦于是说:"皇上因为王温的缘故,等待攻破邺都,全部活埋你们。"士兵们相信了,都想要作乱。

李嗣源的军队反叛,向京师进军,唐庄宗向东临幸汴州,可是李嗣源却先到了。唐庄宗到万胜,不能入城而返回,士兵逃散,还剩下两万多人。过了几天,唐庄宗又东奔氾水,打算把守关口来抵抗。四月丁亥初一,唐庄宗在中兴殿接受群臣朝见,听宰相讲了三刻便罢朝了。随行护驾的黄甲马军在宣仁门,步兵在五凤门摆开战阵来等候。唐庄宗到内殿进食,郭从谦从军营出来,露出刀,搭满箭,迅速进攻兴教门,和黄甲军互相对射。唐庄宗听说兵变,带领各王卫士把乱兵赶出宫门。乱兵放火烧毁城门,攀着城墙攻入,唐庄宗杀死数十上百人。乱军从楼上向皇帝射箭,皇帝受了重伤,倒在绛宵殿廊下,从皇后到各王左右的人都逃跑了。到午时,皇帝驾崩。五坊乐人善友,收聚乐器焚烧尸体。李嗣源进入洛阳,得到唐庄宗的骨殖,安葬在新安的雍陵。任郭从谦为景州刺史,不久杀了他。

《传》说:"你从这里开始,必定在这里结束。"唐庄宗喜好乐官,而被乐官郭门高杀掉,用乐器焚尸。能不相信吗!能不引以为戒吗!

唐庄宗其人

欧阳修为五代史伶官传作序,客观地分析唐庄宗的成败得失。唐庄宗姓朱邪,名存勖,本是沙陀族人,他的祖上做唐朝的臣子,被赐姓李。他父亲李克用被唐王朝招来镇压黄巢农民军,沙陀兵进入长安,焚宫殿,烧府库,大肆掠夺,无恶不作。

公元908年,晋王李克用死,李存勖继承父业。他初有大志,着手整顿纪律败坏的沙陀兵,组成精锐部队。913年破幽州,取河北,击败对手梁国军队。923年在魏州称帝,国号称后唐。

唐庄宗骁勇善战，常冒死搏斗。最激烈的、也是决定性的一仗是称帝后夺取郓州之战。梁军破德胜南城，庄宗弃北城，坚守杨刘城，与号称十万之众的梁军日夜苦战，庄宗再占德胜城，梁军决黄河口用洪水阻唐军。庄宗听取谋臣郭崇韬的计策，留兵守杨刘，自率轻骑从郓州直取汴州，一举消灭梁国。赫赫战绩，使欧阳修禁不住赞叹："举天下之豪杰，莫能与之争"，"其意气之盛，可谓壮哉！"

　　唐庄宗小名亚子，喜演剧，能度曲。伶人能接近他，并渐渐参与政事。庄宗宠幸的伶人周匝为梁所得。庄宗灭梁进入汴州那天，周匝至马前拜见，庄宗非常高兴，并赐以金帛慰劳。周匝说："我在梁国没遭杀身之祸，多亏教坊使陈俊、内园栽接使储德源的帮助，请天子好好答谢他二人。"庄宗当场答应封官。郭崇韬竭力劝阻说："帮陛下取天下的功臣还未封赏，却先封伶人，是要失去人心的。"庄宗到底不听，封陈为景州刺史，封储为宪州刺史。唐庄宗宠信伶人，让景进、史彦琼、郭从谦等优伶掌握实权。景进等专替他探听宫外消息，回报的情况往往颠倒是非。许多朝官和四方藩镇都争着向伶官行贿，以求在庄宗面前说些好话。最阴险的是那个演杂剧出身的郭从谦，因有些军功，被封为掌握亲兵的从马直指挥使。因姓郭，又去亲近权臣郭崇韬，并拜其为叔父。崇韬无辜被杀，郭从谦借此机会在营中蛊惑军心。当时军士王温趁夜作乱，事发后被斩。有一次庄宗戏语郭从谦，说："你的党朋，忘恩负义，又教王温造反。你们还想干什么呢？"从谦大为震惊，回来后便进一步煽动兵将道："快把你们的积蓄拿出来买酒肉吃，不必考虑后事。"大家问为什么，他说："陛下为王温的事，等到攻占邺地，要把你们统统活埋。"从此，这支亲兵部队便萌发了叛乱的念头。

　　不久，李嗣源发动兵变，郭从谦首先响应，率从马直亲兵攻皇城，纵火焚烧兴教门，闯入内宫，乱兵在宫楼上用箭射死仓皇东出的唐庄宗。《伶官传序》把这个过程概括评述为："一夫夜呼，乱者四应"，"及其衰也，数十伶人困之，而身死国灭，为天下笑"。当初梁国大将王彦章就说过："李亚子是个斗鸡小儿，不足畏。"诚然，庄宗把打仗治国视为斗鸡寻乐，此外一无所知。正如欧阳修所说："夫祸患常积于忽微，而智勇多困于所溺。"因此，唐庄宗斗败梁国，自己也接着灭亡。

15. 察 今

《吕氏春秋》

【原文与译文】

1

上胡不法先王之法?

国君为什么不取法古代帝王的法令制度呢?

非不贤也,为其不可得而法。

并不是它不好,而是因为它不可能被取法。

先王之法,经乎上世而来者也,人或益之,人或损之,胡可得而法?

古代帝王的法令制度,是经过了漫长的古代流传下来的,人们有的增补它,有的删减它,今天怎么能够照搬照用呢?

虽人弗损益,犹若不可得而法。

即使人们没有删减增补它,也仍然不能照搬照用。

2

凡先王之法,有要于时也。

凡是古代帝王的法令制度,总是切合当时的情况的。

时不与法俱在,法虽今而在,犹若不可法。

过去的时代不能同过去的法令制度一同保存到今天,古代的法令制度即使现在还保存下来,仍然不能照搬照用。

故释先王之成法,而法其所以为法。

因此要抛弃古代帝王现成的法令制度,而取法那古代制定法令制度的根据。

先王之所以为法者,何也?

古代帝王制定法令制度的根据是什么呢?

先王之所以为法者,人也,而己亦人也。

古代帝王制定法令制度的根据是人,而我们自己也是人。

故察己则可以知人,察今则可以知古。

所以明察自己就可以推知别人,明察今天就可以推知古代。

古今一也,人与我同耳。

古代和现在基本精神是一样的,别人和自己也是相同的。

有道之士,贵以近知远,以今知古,以所见知所不见。

明白事理的人,贵在能够根据近的推知远的,根据现在的推知古代的,根据看到的推知没见到的。

故审堂下之阴,而知日月之行,阴阳之变;见瓶水之冰,而知天下之寒,鱼鳖之藏也;尝一脔肉,而知一镬之味,一鼎之调。

因此察看房子下面的阴影,就知道太阳、月亮的运行,早晚和季节的变化;看到瓶子里的水结的冰,就知道已经到了寒冷的季节,鱼鳖已经进入潜藏的时候了;尝一块肉,就可以知道整锅肉的味道,全鼎肉味的调和好坏。

3

荆人欲袭宋,使人先表澭水。

楚国人要去偷袭宋国,派人先在澭水里设立标记。

澭水暴益,荆人弗知,循表而夜涉,溺死者千有余人,军惊而坏都舍。

后来澭水突然大涨,楚国人不知道,还是顺着标记在夜间渡水,结果淹死的有一千多人,士兵惊骇的声音如同大房屋倒塌一样。

向其先表之时可导也,今水已变而益多矣,荆人尚犹循表而导之,此其所以败也。

当初他们设立标记的时候是可以根据标记渡河的,现在水位已经变化,水涨了很多,可是楚国人还是顺着原来的标记渡河,这就是他们失败的原因。

今世之主法先王之法也,有似于此。

现在的国君照搬照用古代帝王的法令制度,就有点像这种情况。

其时已与先王之法亏矣,而曰此先王之法也,而法之。

那时代已经同古代帝王的法令制度不相适应了,但还在说这是古代帝王的法令制度,因而照搬照用它。

以此为治,岂不悲哉!

用这种方法来治理国家,岂不是很可悲吗!

4

故治国无法则乱,守法而弗变则悖,悖乱不可以持国。

所以治理国家没有法令制度就会混乱,死守古老的法令制度而不改变就会行不通,混乱和不合时宜都不能治理好国家。

世易时移,变法宜矣。

社会改变了,时代不同了,改变法令制度是应该的。

譬之若良医,病万变,药亦万变。病变而药不变,向之寿民,今为殇子矣。

比如好的医生,病症千变万化,用药也要千变万化。如果病症变了而药不变,本来可以长寿的人,现在也要变成未成年而死的人了。

故凡举事必循法以动,变法者因时而化。

所以凡是做事情一定要根据法令制度来进行,修订法令制度要随时代的变化而变化。

是故有天下七十一圣,其法皆不同;非务相反也,时势异也。

因此,统治过天下的七十一位帝王,他们的法令制度都各不相同;不是一定要有不同,而是因为时代和形势不一样啊。

故曰:良剑期乎断,不期乎镆铘;良马期乎千里,不期乎骥骜。

所以说:好剑只期望它能斩断东西,不期望它一定是镆铘;好马只期望它能日行千里,不期望它一定是骥骜。

夫成功名者,此先王之千里也。

那所谓"成功名",是古代国君所设定的达到千里的目标。

5

楚人有涉江者,其剑自舟中坠于水,遽契其舟,曰:"是吾剑之所从坠。"

有个渡江的楚国人,他的宝剑从船上掉到水里,就急忙用刀在船边刻个记号,说:"这儿是我的宝剑掉下去的地方。"

舟止,从其所契者入水求之。

船停下来后,他就从刻着记号的地方下水去找剑。

舟已行矣,而剑不行,求剑若此,不亦惑乎?

船已经移动了,但剑没有移动,像这样寻找宝剑,不也是很糊涂吗?

以故法为其国与此同。

用旧的法令制度治理他的国家和这一样。

时已徙矣,而法不徙。

时代已经改变了,可是法令制度不改变。

以此为治,岂不难哉!

想用这种方法治理好国家,怎么不困难呢!

6

有过于江上者,见人方引婴儿而欲投之江中,婴儿啼。

有个从江边上走过的人,看见一个人正在拉着婴儿想把他投到江里去,婴儿啼哭起来。

人问其故。

旁人问他这样做的因由。

曰:"此其父善游。"

(那个人)说:"这孩子的父亲很会游泳(因此我就让他下水游泳)。"

其父虽善游,其子岂遽善游哉?

孩子的父亲很会游泳,难道孩子就一定很会游泳吗?

以此任物,亦必悖矣。

用这种方法处理事情,也必然是行不通的。

荆国之为政,有似于此。

楚国人处理政事,就有点像这样。

【资料与背景】

一、作家作品

《吕氏春秋》又名《吕览》,是战国末年的吕不韦任秦相国时,集合他的门客们共同编写的一部杂家代表著作。全书26卷,分12纪、8览、6论,共160篇,20余万字。其内容以儒、法、道家思想为主,兼有名、墨、农、阴阳家言,实际上是汇合先秦各派学说,为当时秦统一天下、治理国家提供理论武器,故《汉书·艺文志》把它列为杂家类。而《察今》篇就反映的是法家进步的历史观。课文有删节,课文选自卷15《慎大览》。

吕不韦(？—前235年),战国末年阳翟(河南禹县)大商人,因帮助秦始皇的父亲庄襄王获得继承王位权而有功。吕不韦当时在赵国都城邯郸结识了质于赵国的公子子楚,即秦孝文王的儿子,也叫异人。吕认为"奇货可居",便不惜以金钱美女给子楚,并为子楚立为太子贿通秦孝文王的王后华阳夫人。公元前250年秦孝文王死后,子楚果然即位,称庄襄王,吕做了相国,三年后,庄襄王卒,秦始皇即位后,吕继任相国,号称仲父,后因嫪毐(Lào'ǎi)谋反事受牵连而自杀。

二、背景纵览

战国初年,秦国旧贵族势力较强,阻碍了政治经济的发展。到秦孝公时,局面依然无法改变,又受到魏、楚两国的侵迫,中原各国常以"夷狄遇之"。在内外压力之下,秦孝公迫切要求变法图强。卫人公孙鞅闻孝公求贤,入秦与孝公讨论富国强兵之道。孝公立即任用公孙鞅为左庶长,开始变法。后来秦封公孙鞅于商,故公孙鞅又号商鞅。秦孝公六年(前356),商鞅下变法令:鼓励地主垦荒,发展封建经济;要求努力耕织,生产多的可免徭役;废除奴隶主贵族世袭特权,制定普遍按军功给予爵位的制度,根据爵位等级占有田宅和奴隶;采用李悝《法经》作为法律,编制户籍,实行连坐法;规定凡民有二子以上不分家者,"倍其赋"。商鞅的新法令与旧贵族的利益相抵触,太子师傅公子虔、公孙贾等鼓动太子反对变法。商鞅严罚太子的师傅以儆众,从此无人敢公开反对,新法得以顺利推行。

秦孝公十二年(前350),秦从雍(今陕西凤翔)迁都咸阳,商鞅又下第二次变法令:为使父子、男女有别,禁止家人"同室内息";统一度量衡制;将全国的小都、乡、邑集合成41县,县置令、丞,旧贵族的封邑被彻底破坏;废井田,开阡陌,允许土地买卖,承认土地私有权,改变了对田地的使用和分配方法,为地主经济的发展铺平道路。秦国经过变法,成为新型的地主政权,国家富强起来,开始逐步向东发展。公元前338年,秦孝公死,子惠王即位,奴隶主贵族乘机反攻,商鞅被车裂的酷刑杀害。由于新法顺应了封建制发展的历史趋势,因而其成果仍沿袭不变,终于使秦走上日益强大的道路,为秦后来歼灭群雄统一中国奠定了基础。

《吕氏春秋》是在吕不韦任秦国丞相期间编写的。吕不韦开始任丞相在秦庄襄王元年(前249),罢相在始皇十年(前237),正是秦统一全国的前夜。当时秦的变法已有百年历史,但六国中反对变法的大有人在。秦始皇三十三年(前214)"焚书",就是由齐人淳于越提出"师古"引起的。这篇文章就是针对"师古"的主张写的。

1. 一字千金

据说秦始皇八年(公元前239年),《吕氏春秋》著成的时候,吕不韦把它悬挂在秦都咸阳的城门上,并悬赏说:"能增损一字者予千金。"当时没有人能动它一字。这就是成语"一字千金"的来历。

但这并不说是《吕氏春秋》真的就尽善尽美了,汉人高诱说过:"诱以为时人非不能也,盖惮相国,畏其势耳。"当然,悬赏一事也说明了著书者是下了一番功夫的。

2. 比喻和寓言的异同

先秦散文常用比喻和寓言。从修辞角度来看,寓言也是一种复杂的比喻。比喻和寓言都是运用一个浅近具体的事物,去比拟另一深奥抽象的事物。但是比喻和寓言又是有区别的:

(1)比喻通常只取喻体的某一个类似点设喻,不必描述它的发展变化过程。如:"譬之若良医,病万变,药亦万变。病变而药不变,向之寿民,今为殇子矣。""良剑期乎断,不期乎镆铘;良马期乎千里,不期乎骥骜。"这几个比喻都没有比较具体和完整的故事。寓言则不同,它用来比拟的事物,必须是比较具体和完整的故事,如"循表夜涉""刻舟求剑""引婴投江"。

(2)比喻通常以句子形式出现;寓言往往以句群或段落形式出现,把它从全文中抽出来可以独立成篇。先秦以后的某些寓言,篇幅较长,有的原来就是独立成篇的,如《中山狼传》《黔之驴》等。

(3)比喻的主要目的是使语言好懂、具体、生动,加强表达效果。有的比喻有哲理性,有的没有,如"红的像火,粉的像霞,白的像雪"。寓言的主要目的是讽劝、劝诫或教导,一般含有鲜明的哲理性。

(4)比喻中的喻体,可以是正面的,如"良医、良剑、良马",也可以是反面的,如"如狼似虎""如鸟兽散";寓言中的人或事物往往是反面或者是愚蠢可笑的。如"循表夜涉"的荆人、"刻舟求剑"的楚人、"引婴投江"的某人,以及"螳臂当车"的螳螂、"狐假虎威"的狐狸。

【内容与特色】

一、内容简析

本文作者针对有些人鼓吹效法先王,甚至言必称先王,以此反对变革的错误思想,指出要取法前人制定法令制度的依据,按照时代的发展和情况的变化来制定新的法令制度,而非一成不变地沿袭古代陈法,即"世易时移,变法宜矣"。篇名"察今"就是文章的中心论点,即明察当今的实际情况。

文章可以分为两部分。

第一部分(第1、2自然段),提出中心论点"察今"。

第一层(第1段),提出第一个分论点:"先王之法""不可得而法"。

第二层(第2段),提出第二个分论点:"释先王之成法,而法其所以为法"。

第二部分(第3—6自然段),多方设喻说明应根据时代和社会的变化进行变法,进一步论证中心论点。

第一层(第3段),用循表夜涉的寓言讽喻了不顾"时"的条件变化而机械法古的人。说明要根据时间和情况的变化采取相应的对策,如果不顾时间、情况的变化,机械地采用先前的决策,就会不战自败。

第二层(第4段),以良医比喻,以七十一圣的事例说明"病万变,药亦万变""时势异""其法皆不同",讽喻了不顾"事"的条件变化而机械法古的人。又以良剑、良马为喻,说明不要追求"先王之法"的虚名,而要追求"成功名"的实际效果。

第三层(第5段),用刻舟求剑的寓言讽喻了不顾"地"的条件变化而机械法古的人。说明制定法令制度要根据地点和条件的变化而变化,如果不顾地点、条件的变化,固守以前的思维行事,就会徒劳无功。

第四层(第6段),用引婴投江的寓言讽喻了不顾"人"的条件变化而机械法古的人。说明做事要根据对象的不同而采取不同的措施,如果不顾对象的变化,想当然的自行其是,结果只会适得其反。

二、写作特色

1. 论点鲜明。篇名"察今"即标出中心论点,论证处处扣紧中心论点,反复论证中心论点。

2. 论据充足而有力。文中运用事例、比喻、寓言故事等论据证明中心论点,丰富而有力。

3. 说理生动形象。本文善用比喻和寓言来阐述事理,达到了生动形象、深入浅出、好懂易记的表达效果。

【阅读与拓展】

吕氏春秋·察传

夫闻言不可以不察,数传而白为黑,黑为白。故狗似玃①,玃似母猴,母猴似人,人之与狗则远矣。此愚者之所以大过也。闻而审,则为福矣;闻而不审,不若无闻矣。齐桓公闻管子于鲍叔,楚庄闻孙叔敖于沈尹筮,审之也,故国霸诸侯也。吴王闻越王勾践于太宰嚭②,智伯闻襄子于张武,不审也,故国亡身死。

凡闻言必熟论,其于人必验之以理。鲁哀公问于孔子曰:"乐正夔③一足,信乎?"孔子曰:"昔者舜欲以乐传教于天下,乃令重、黎举夔于草莽之中而进之,舜以为乐正。夔于是正六律,和五声,以通八风,而天下大服。重、黎又欲益求人,舜曰:'夫乐,天地之精也,得失之节也,故唯圣人为能和乐之本也。夔能和之,以平天下,若夔者一而足矣'。故曰:'夔一足'非'一足'也。"

宋之丁氏家无井。而出溉汲,常一人居外。及其家穿井,告人曰:"吾穿井得一人。"有闻而传之者曰:"丁氏穿井得一人。"国人道之,闻之于宋君。宋君令人问之于丁氏,丁氏对曰:"得一人之使,非得一人于井中也。"求闻之若此,不若不闻也。

子夏之晋过卫,有读史记者曰:"晋师三豕涉河。"子夏曰:"非也,是己亥也。夫己与三相近,豕与亥相似。"至于晋而问之,则曰:"晋师己亥涉河也。"

辞多类非而是,多类是而非,是非之经,不可不分,此圣人之所慎也。然则何以慎?缘物之情及人之情,以为所闻,则得之矣。

【注释】①玃:大猴。②嚭:读 pǐ。③夔(kuí):虞舜时的乐官。

译　文:

传闻不可以不审察,经过辗转相传白的成了黑的,黑的成了白的。所以狗似玃,玃似猕猴,猕猴似人,人和狗的差别就很远了。这是愚人所以犯大错误的原因。听到什么如果加以审察,就有好处;听到什么如果不加审察,不如不听呢。齐桓公从鲍叔牙那里得知管仲,楚庄王从沈尹筮那里得知孙叔敖,审察他们,因此国家称霸于诸侯。吴王从太宰嚭那里听信了越王勾践的话,智伯从张武那里听信了赵襄子的事,没有经过审察便相信了,因此国家灭亡自己送了命。

凡是听到传闻,都必须深透审察,对于人都必须用事实进行检验。鲁哀公问孔子说:"乐正夔只有一只脚,真的吗?"孔子说:"从前舜想用音乐向天下老百姓传播教化,就让重、黎从民间举荐了夔而且起用了他,舜任命他做乐正。夔于是校正六律,谐和五声,用来调和阴阳之气,因而天下归顺。重、黎还想多找些像夔这样的人,舜说:'音乐是天地间的精华,国家治乱的关键。只有圣人才能做到和谐,而和谐是音乐的根本。夔能调和音律,从而使天下安定,像夔这样的人一个就够了。所以是说'一个夔就足够了',不是说夔只有'一只足'。"

宋国有个姓丁的人,家里没有水井,需要出门去打水,经常派一人在外专管打水。等到他家打了水井,他告诉别人说:"我家打水井得到一个人。"有人听了就去传播:"丁家挖井挖到了一个人。"都城的人人纷纷传说这件事,被宋君听到了。宋君派人向姓丁的问明情况,姓丁的答道:"得到一个人使用,并非在井内挖到了一个活人。"像这样听信传闻,不如不听。

子夏到晋国去,经过卫国,有个读史书的人说:"晋军三豕过黄河。"子夏说:"不对,是己亥日过黄河。古文'己'字与'三'字字形相近,'豕'字和'亥'字相似。"到了晋国探问此事,果然是说,晋国军队在己亥那天渡过黄河。

言辞有很多似是而非,似非而是的。是非的界线,不可不分辨清楚,这是圣人需要特别慎重对待的问题。虽然这样,那么靠什么方法才能做到慎重呢? 遵循着事物的规律和人的情理,用这种方法来审察所听到的传闻,就可以得到真实的情况了。

16. 左忠毅公逸事

方　苞

【原文与译文】

1

先君子尝言,乡先辈左忠毅公视学京畿,一日,风雪严寒,从数骑出,微行入古寺。

我已去世的父亲曾经说,同乡前辈左忠毅公任京城地区的学政时,有一天,风雪严寒,他带着几个骑马的随从,改装出行,走进一座古庙。

庑下一生伏案卧,文方成草。

厢房里有一个年轻人伏在书桌上睡着了,桌上有一篇文章刚起好草稿。

公阅毕,即解貂覆生,为掩户。

左公看完文章,就脱下自己的貂皮外衣,盖在年轻人身上,并且替他掩上了门。

叩之寺僧,则史公可法也。

他问庙里的和尚,才知道年轻人叫史可法。

及试,吏呼名至史公,公瞿然注视,呈卷,即面署第一。

到考试的时候,小吏喊到史可法,左公惊喜地向他注视,等他呈上卷子,左公就当面定他为第一名。

召入,使拜夫人,曰:"吾诸儿碌碌,他日继吾志事,惟此生耳。"

还把他召到家里,让他拜见左夫人,说:"我的几个儿子都平庸得很,日后继承我的志向和事业,只有这个年轻人了。"

及左公下厂狱,史朝夕狱门外。

后来左公被关进东厂的监狱,史可法从早到晚守在狱门外。

逆阉防伺甚严,虽家仆不得近。

逆贼太监魏忠贤一伙防守监视得很严,即使是左家的仆人都不得接近。

久之,闻左公被炮烙,旦夕且死,持五十金,涕泣谋于禁卒,卒感焉。

过了一段时间,(史可法)听说左公受了烙铁烧烤的酷刑,早晚间即将死去,他就拿了五十两银子,哭着找管牢的狱卒求情,狱卒被他感动了。

一日,使史更敝衣,草屦,背筐,手长镵,为除不洁者,引入。

一天,狱卒让史可法换上破衣服,穿上草鞋,背着筐子,手拿长铲,装成清扫垃圾的人,把他带进了监狱。

微指左公处,则席地倚墙而坐,面额焦烂不可辨,左膝以下筋骨尽脱矣。

悄悄地指给他左公所在的地方,(史可法一看左公)正靠着墙坐在地上,面部、额头都烧得焦烂,辨不清(原来的)模样,左膝以下的筋骨全都脱落了。

史前跪,抱公膝而呜咽。

史可法上前跪下,抱着左公的膝盖呜呜咽咽地哭着。

公辨其声,而目不可开,乃奋臂以指拨眦,目光如炬,

左公辨出他的声音,但是眼睛却睁不开,于是使劲抬起手臂,用手指拨开眼皮,眼光如火炬一般明亮,

怒曰:"庸奴!此何地也?而汝来前!国家之事糜烂至此,老夫已矣,汝复轻身而昧大义,天下事谁可支拄者?不速去,无俟奸人构陷,吾今即扑杀汝!"

他发怒地说:"无能的奴才!这是什么地方?你竟敢跑到这儿来!国家的事情糟糕到如

此地步,我老头子已经完了,你再轻身不明大义,国家的事谁能支撑?还不赶快离开,不用等坏人来了构成罪名陷害你,我现在就打死你!"

因摸地上刑械,作投击势。

于是就摸索着地上的刑具,做出要投击的姿势。

史噤不敢发声,趋而出。

史可法闭口不敢作声,快步走了出去。

后常流涕述其事以语人,曰:"吾师肺肝,皆铁石所铸造也!"

后来他常常流着眼泪把这件事告诉别人,说:"我老师的肺肝,都是铁石铸成的啊!"

3

崇祯末,流贼张献忠出没蕲、黄、潜、桐间,史公以凤庐道奉檄守御。

崇祯末年,"流贼"张献忠在蕲州、黄州、潜山、桐城一带出没,史公以凤庐道员的身份奉命守卫这一带地区。

每有警,辄数月不就寝,使将士更休,而自坐帷幕外。

每当有了警报,他就几个月不进寝室睡觉,让将士们轮流休息,自己却坐在帐幕外。

择健卒十人,令二人蹲踞而背倚之,漏鼓移则番代。

选择十个健壮的士兵,(每次)让两个人蹲着,自己靠着他们的背,每过一更,就(让他们)再轮换一次。

每寒夜起立,振衣裳,甲上冰霜迸落,铿然有声。

每当在寒冷的夜晚站起身来,抖动衣裳,战甲上的冰霜散落地上,发出清脆的响声。

或劝以少休,公曰:"吾上恐负朝廷,下恐愧吾师也。"

有人劝他稍加休息,史公说:"我对上恐怕辜负了朝廷,对下怕对不起我的老师啊!"

4

史公治兵,往来桐城,必躬造左公第,候太公、太母起居,拜夫人于堂上。

史可法统率军队,来往经过桐城,一定要亲自到左公家中,向左公的父母请安,到堂上拜见左夫人。

5

余宗老涂山,左公甥也,与先君子善,谓狱中语乃亲得之于史公云。

我的同族老前辈号涂山的,是左公的女婿,与我去世的父亲要好,他说关于(左公在)狱中的一些话,是亲自听史公讲的。

【资料与背景】

一、作家作品

方苞(1668—1749年),字灵皋,亦字凤九,晚年号望溪,亦号南山牧叟,安徽安庆府桐城县(辖域含今桐城市、枞阳县及杨桥、罗岭地区)人,清代散文家,桐城文派的创始人,与姚鼐、刘大櫆合称"桐城三祖"。

"桐城派"是清中叶最著名的一个散文流派。方苞建立了"桐城派"古文基本理论。他继承归有光的"唐宋派"感言传统,提出"义法"的主张,倡"道""文"统一。他所谓"义",指文章的中心思想,实际是从维护封建统治的儒家思想出发的基本观点。他所谓的"法",指的是表达中心思想或基本观点的形式技巧,包括结构条理,运用材料、语言等。

二、背景纵览

左光斗(1575—1625年),字遗直,一字共之,号浮丘。别名左遗直、左共之、左浮丘。汉族,明朝桐城人,其父左出颖迁家于桐城县城,颖生九子,光斗排行第五。明朝官员,也是史可法的老师。因对抗大宦官魏忠贤,下狱,死。南明弘光时平反,谥为忠毅。

《左忠毅公逸事》所处时期,宦官干预朝政,为祸愈演愈烈,魏忠贤设东厂,假借皇帝命令逮捕朝廷官员,排除异己,左光斗当时就站在反阉党斗争的最前列。天启四年(1624年),左副都御史杨涟上疏弹劾魏忠贤二十四大罪。左光斗大力支持,并独自一人弹劾魏忠贤32条该斩之罪。结果遭到魏忠贤及其阉党的残酷迫害,与杨涟、魏大中、袁化中、顾大章、周朝瑞等6人被捕下狱,于天启五年(1625年)7月被摧残致死,成为历史上重大的"明末六君子"冤案。

【内容与特色】

一、内容简析

逸事是指没有写入正史和传记的事迹。本文选取了左光斗微行选贤、狱中训徒的事实,表现了左光斗不辞辛劳为国选才的精神和锄奸救国、宁死不屈的可贵品质。同时,借史可法忠勤职守的事迹,间接地表现了左光斗的高贵品质及影响。

全文共5个自然段。

第1自然段,写左光斗微行选贤。根据左光斗选拔史可法的过程,可分为四层。

第一层,写左光斗觅才。

第二层,写左光斗惜才。

第三层,写左光斗选才。

第四层,写左光斗誉才。

第2自然段,写左光斗狱中训徒。

第3自然段,写史可法忠勤职守。

第4自然段,写史可法敬事太公、太母及师母的情形,进一步表明史可法受左光斗的影响之深。

第5自然段,补说逸事的由来,以说明逸事的真实可信。

二、写作特色

1. 通过行动、语言、肖像描写表现人物的精神面貌。为了刻画左光斗忠贞刚毅的性格,作者或叙其行,或记其言,或绘其貌,虽着墨不多,却形神兼备。

2. 正面描写和侧面描写相结合。全文记述了两个人的事迹,写史可法是为了侧面烘托左光斗。两个形象相映生辉,具有强烈的艺术感染力。

3. 语言精练。在精练的语句中凝聚着深厚、强烈的感情。

【阅读与拓展】

梅花岭记

【全祖望】

顺治二年乙酉四月,江都围急。督相史忠烈公知势不可为,集诸将而语之曰:"吾誓与城为殉,然仓皇中不可落于敌人之手以死,谁为我临期成此大节者?"副将军史德威慨然任之。忠烈喜曰:"吾尚未有子,汝当以同姓为吾后。吾上书太夫人,谱汝诸孙中。"

二十五日,城陷,忠烈拔刀自裁,诸将果争前抱持之。忠烈大呼"德威",德威流涕,不能执刃,遂为诸将所拥而行。至小东门,大兵如林而至,马副使鸣騄、任太守民育及诸将刘都督肇基等皆死。忠烈乃瞋目曰:"我史阁部也。"被执至南门。和硕豫亲王以"先生"呼之,劝之降。忠烈大骂而死。初,忠烈遗言:"我死当葬梅花岭上。"至是,德威求公之骨不可得,乃以衣冠葬之。

或曰:"城之破也,有亲见忠烈青衣乌帽,乘白马,出天宁门投江死者,未尝殒于城中也。"自有是言,大江南北遂谓忠烈未死。已而英、霍山师大起,皆托忠烈之名,仿佛陈涉之称项燕。吴中孙公兆奎以起兵不克,执至白下。经略洪承畴与之有旧,问曰:"先生在兵间,审知故扬州阁部史公果死耶,抑未死耶?"孙公答曰:"经略从北来,审知故松山殉难督师洪公果死耶,抑未死耶?"承畴大恚,急呼麾下驱出斩之。

呜呼!神仙诡诞之说,谓颜太师以兵解,文少保亦以悟大光明法蝉脱,实未尝死。不知忠义者圣贤家法,其气浩然,常留天地之间,何必出世入世之面目!神仙之说,所谓为蛇画足。即如忠烈遗骸,不可问矣!百年而后,予登岭上,与客述忠烈遗言,无不泪下如雨,想见当日围城光景,此即忠烈之面目宛然可遇,是不必问其果解脱否也,而况冒其未死之名者哉?

墓旁有丹徒钱烈女之冢,亦以乙酉在扬,凡五死而得绝,特告其父母火之,无留骨秽地,扬人葬之于此。江右王猷定、关中黄遵岩、粤东屈大均为作传、铭、哀词。

顾尚有未尽表章者:予闻忠烈兄弟,自翰林可程下,尚有数人,其后皆来江都省墓。适英、霍山师败,捕得冒称忠烈者,大将发至江都,令史氏男女来认之。忠烈之第八弟已亡,其夫人年少有色,守节,亦出视之。大将艳其色,欲强娶之,夫人自裁而死。时以其出于大将之所逼也,莫敢为之表章者。

呜呼!忠烈尝恨可程在北,当易姓之间,不能仗节,出疏纠之。岂知身后乃有弟妇以女子而踵兄公之余烈乎?梅花如雪,芳香不染。异日有作忠烈祠者,副使诸公谅在从祀之列,当另为别室以祀夫人,附以烈女一辈也。

译 文:

顺治二年乙酉(1645年,译者注)四月,江都被(清兵)围困,(形势)很危急。督相史忠烈公知道局势(已)不可挽救,(就)召集众将领告诉他们说:"我发誓与扬州城同作殉国(之物),但(在)匆忙慌乱中不能落在敌人的手里死去,谁(能)替我在城破时完成这个(为国而死的)大节呢?"副将军史德威悲痛激昂地(表示愿意)担负这一任务。忠烈高兴地说:"我还没有儿子,你应当凭同姓的关系作我的后嗣。我(要)写信(禀告)太夫人,把你(的名字)记入(我的)家谱,排在(太夫人的)孙儿辈中。"

二十五日,(江都)城沦陷,忠烈抽出刀来自刎,众将领果然争着上前抱住他(不让他自杀)。忠烈大声呼唤"德威!"德威(悲痛)流泪,不能举刀,于是史可法被众将领簇拥着走。到小东门,清兵像密林般地到来,兵马副统帅马鸣騄、扬州太守任民育,以及众将如都督刘肇基等都战死了。忠烈就瞪着眼睛对敌人说:"我就是(大明朝的)史阁部!"被(俘)押到南门。和硕豫亲王用"先生"(的名称)称呼他,劝他投降。忠烈大骂敌人而被杀死。当初,忠烈(留下)遗言:"我死后应葬(在)梅花岭上。"到这时,德威寻找史公的尸骨却找不到,就拿(他的)衣冠

(代替尸骨)埋葬他(在梅花岭上)。

有人说:"扬州城被攻破时,有人亲眼看见忠烈穿青衣戴黑帽,骑着白马,跑出天宁门跳入长江而死,不曾死在城内。"自从有了这一说法,长江南北两岸就传说忠烈没有死。不久英山、霍山(抗清)义军大规模发展,都假托忠烈的名义(来号召群众),(就)好像陈涉(起义时)假托项燕(的名义)一样。吴中的孙兆奎因起兵失败,被俘押到南京。经略洪承畴同他有老交情,问(他)说:"先生在军中,(是否)确凿知道原扬州阁部史公真的死了呢,还是没有死?"孙公回答说:"经略从北方来,(是否)确凿知道原(在)松山殉难的督师洪公真的死了呢,还是没有死?"洪承畴(听后)非常恼怒,急忙叫部下(把他)推出去杀了。

唉!(那些)成神成仙的荒唐无稽的说法,说颜太师因被杀而成仙,文少保也因彻悟"大光明佛法"像蝉脱壳一样遗下了躯壳而成佛,实际上(他们都)不曾死去。殊不知忠义是圣贤人传统的道德准则,那种凛然正气浩大磅礴,永远存留(在)天地之间,为什么一定要(问他的)面目形象是出世成仙成佛还是入世为人了呢?(那种关于他们成为)神仙的说法,正是(人们)所说的"画蛇添足"。就像忠烈的遗骨,(现在)已不可能找到了!(但)百年之后,我登上(梅花)岭,同朋友们谈起忠烈的忠言,没有(一个人)不泪如雨下,想起那一天扬州城被围困的情形,忠烈的音容笑貌仿佛就在人们眼前,(这也说明)不必去问他果真成仙成佛了没有,更何况假托他没有死而冒他的名义呢?

史可法的坟墓旁还有镇江姓钱的烈女之墓,也是乙酉那年在扬州,计五次自杀才得死去,自杀时告诉父母要将自己火化,不要将尸骨留在这污秽的土地,扬州人就把她葬在这里。江西人王猷定、陕西人黄遵岩、广东人屈大均曾为她作传、撰铭、写哀词。

但还有未能全被表彰出来的:我听说史可法的兄弟从翰林学士史可程以下,还有好几人,后来都到江都祭扫史可法墓。正逢英山、霍山义军失败,捉到了托名而假冒史可法的人,清兵的大将把他押送到江都,下令让史氏门中的男子和妇女都来辨认。这时史可法的第八个弟弟已死,他的夫人年轻漂亮,为他守节,也出来看这个托名者。大将军看上了她的美色,想强迫娶她,夫人自杀而死。当时因为她出于大将所逼,人们慑于势而不敢表彰她。

可叹啊,史可法曾痛恨史可程(降清),在国家沦亡之际,不能保持节操,而写奏章谴责他。怎会知道在自己死后,竟然有弟媳妇凭女子之身继承夫兄所留下的光辉业绩呢?梅花像雪,芳香而不染尘埃。将来如果有人修建忠烈祠,马鸣禄副使等想必要列入从祀的位置,还应当另外建一室来祭祀夫人,再附上烈女一辈。

附录1：作家作品一览表

朝代	作家/作品	简　介	课本入选作品	
西周	《诗经》	《诗经》是中国第一部诗歌总集，收集了自西周初年至春秋中叶500多年的诗歌305篇。先秦称为《诗》，或取其整数称《诗三百》《三百篇》。西汉时被尊为儒家经典，才称为《诗经》，并沿用至今。《诗经》开创了我国现实主义的诗歌传统。内容上分为风、雅、颂三部分，其中"风"指国风，即西周时期各国的民间歌谣，有十五国风，共160首；"雅"主要是周王京都附近地方的乐歌，分大雅和小雅，共105篇；"颂"主要是统治者进行宗庙祭祀时的乐歌，有40首。表现手法主要是赋、比、兴。"赋"就是铺陈（敷陈其事而直言之也），"比"就是比喻（以彼物比此物也），"兴"就是启发（先言它物以引起所咏之词也）。关于《诗经》中诗的分类，有"四始六义"之说。"四始"是指《风》《大雅》《小雅》《颂》，而"风""雅""颂""赋""比""兴"，则合称《诗经》的"六义"。"国风"是《诗经》中的精华，在《诗经》中成就最高。《诗经》多以四言为主，兼有杂言。	《静女》	第一册
东周	《论语》	孔子（前551—前479年），名丘，字仲尼，春秋末期鲁国人，思想家、政治家、教育家，儒家学派创始人。鲁定公时，曾任鲁国大司寇，后来私人办学，周游列国，宣传自己的政治主张，还在晚年整理"六经"（《诗》《书》《礼》《易》《乐》《春秋》）。他所创的儒家学派自汉代以来成为两千余年封建思想的正统。《论语》是一部语录体的散文集，它是记录孔子及其弟子言行的汇编，由孔子的门人和再传弟子所辑录，全面地反映了孔子的哲学、政治、文化和教育思想，是关于儒家思想的重要著作。宋儒把《论语》《大学》《中庸》和《孟子》合称为"四书"。	《子路、曾皙、冉有、公西华侍坐》	第二册

附 录

朝代	作家/作品	简　介		课本入选作品
东周	《庄子》	庄子(约前369—前286年),名周,字子休,战国中期宋国蒙邑(今安徽蒙城)人。著名的思想家、哲学家和文学家,道家学派的主要代表人物。老子思想的继承和发展者。后世将他与老子并称为"老庄"。他们的哲学思想体系,被思想学术界尊为"老庄哲学"。代表作品为《庄子》,其名篇有《逍遥游》《齐物论》等。《庄子》又名《南华经》,是道家经文,是战国早期庄子及其门徒所著,到了汉代道教出现以后,便尊之为《南华经》,且封庄子为南华真人。其中内篇七,外篇十五,杂篇十一。	《庖丁解牛》	第五册
东周	荀　子	荀子(约前313—前238年),名况,尊号为"卿",战国末期赵国(今山西南部)人,著名思想家、文学家、政治家、教育家,儒家代表人物之一。荀子对儒家思想有所发展,提倡性恶论,其学说常被后人拿来跟孟子的"性善说"比较。荀子对重新整理儒家典籍也有相当显著的贡献。	《劝学》	第三册
东周	《吕氏春秋》	《吕氏春秋》是战国末期秦国丞相吕不韦组织门客编写的一部杂家代表作,又称《吕览》,成书于秦始皇统一六国前夕。全书共分12纪、8览、6论,共26卷,160篇,二十余万字。注重博采众家学说,以道家思想为主,兼收儒、墨、法、兵、农、纵横和阴阳各先秦诸子百家思想言论,所以《汉书·艺文志》等将其列入杂家。吕不韦自己认为其中包括了天地万物古往今来的事理,所以号称《吕氏春秋》。	《察今》	第五册
西汉	贾　谊	贾谊(前200—前168年),洛阳(今河南省洛阳市孟津县平乐镇新庄)人,西汉初年著名的政治家、思想家、文学家,世称贾生。18岁即有才名,年轻时由河南郡守吴公推荐,20余岁被文帝召为博士。不到一年被破格提为太中大夫。但是在23岁时,因遭群臣忌恨,被贬为长沙王的太傅。后被召回长安,为梁怀王太傅。梁怀王坠马而死,贾谊深自歉疚,33岁抑郁而亡。其著作主要有散文和辞赋两类,《过秦论》《论积贮疏》《陈政事疏》等都很有名,辞赋以《吊屈原赋》《鵩鸟赋》最为著名。他的著作经后人整理成《新书》。	《过秦论》	第三册

朝代	作家/作品	简 介		课本入选作品
西汉	司马迁	司马迁(约前145—前86年),字子长,西汉夏阳(现在陕西韩城)人,著名史学家、文学家、思想家,承袭父职任太史令。因替投降匈奴的李陵辩护,入狱遭宫刑。出狱后任中书令(掌管皇帝机要文件),发愤著书,历尽艰辛,在公元前91年前后完成《史记》,被后世尊称为史迁、太史公、历史之父。 《史记》是我国第一部纪传体通史,是二十四史书之首,全书分12本纪,10表,8书,30世家,70列传,共130篇,52万余字,记载了中国从传说中的黄帝到汉武帝长达3000余年间的历史。本纪记帝王,世家述诸侯,列传叙人臣,书记礼、乐、音律、历法、天文、封禅、水利、财用,表是大事年表。《史记》是中国传记文学的典范。《史记》最初没有书名,世人称之"太史公书""太史公传",省称"太史公"。"史记"本是古代史书的通称,从三国时期开始,"史记"由史书的通称逐渐演变成"太史公书"的专称。《史记》与《汉书》(班固)、《后汉书》(范晔、司马彪)、《三国志》(陈寿)合称"前四史"。刘向等人认为此书"善序事理,辩而不华,质而不俚"。与宋代司马光编撰的《资治通鉴》并称"史学双璧"。鲁迅称它为"史家之绝唱,无韵之《离骚》"。	《鸿门宴》	第二册
西汉	司马迁	同上	《廉颇蔺相如列传》(节选)	第五册
东晋	陶潜	陶渊明(365—427年),字元亮,自号五柳先生,晚年更名潜,卒后亲友私谥"靖节",后世称靖节先生。东晋浔阳柴桑人(今江西九江市)人,著名的诗人和辞赋散文家,以清新自然的诗文著称于世。田园生活是陶渊明诗的主要题材,相关作品有《饮酒》《归园田居》《桃花源记》《五柳先生传》《归去来兮辞》等,田园诗派创始人。	《归园田居五首》(其一)	第一册

附 录

朝代	作家/作品	简　介	课本入选作品	
唐朝	王　维	王维(701—761年),字摩诘,号摩诘居士,世称"王右丞",因笃信佛教,有"诗佛"之称。盛唐河东蒲州(今山西永济)人,祖籍山西祁县,著名诗人、画家。9岁时即能写文章,17岁时作《九月九日忆山东兄弟》一诗,今存诗400余首,代表诗作有《相思》《山居秋暝》等。受禅宗影响很大,精通佛学,精通诗、书、画、音乐等,与孟浩然合称"王孟"。苏轼评价其:"味摩诘之诗,诗中有画;观摩诘之画,画中有诗。"	《山居秋暝》	第四册
唐朝	李　白	李白(701—762年),字太白,号青莲居士,唐代伟大的浪漫主义诗人,被后人誉为"诗仙"。祖籍陇西成纪(今甘肃天水秦安县),一说出生于碎叶城(唐代属安西都护府,在今吉尔吉斯斯坦共和国境内),少时随父迁至剑南道绵州昌隆(今四川江油市)青莲乡。他一生喜好云游四方,由于一生中在青莲居住的时间最久,在青莲的生活对他的人生观、价值观等有很深的影响,所以后人称之为"青莲居士"。 李白存世诗文千余篇,有《李太白集》传世。主要诗作有《蜀道难》《行路难》《将进酒》《静夜思》《梦游天姥吟留别》等。后世将李白和杜甫并称"李杜"。李白诗各体均工,尤擅乐府、绝句。其内容或表现建功立业的愿望,或抒写失志不平的愤懑,或抨击黑暗现实,或关心民生疾苦,或流连山水风光。风格或豪放飘逸,或明秀清新,均热情奔放,想象丰富,骨气端翔,形象超妙,含蕴深厚,自然浑成,既表现其独特气质与个性,又充分反映时代精神风貌,闪烁理想主义之光辉,故能代表盛唐诗歌的最高成就。后代诗人欧阳修、苏轼、陆游等无不受其影响。其文亦雄奇俊逸,以气势胜,骈散俱工。	《将进酒》	第一册
唐朝	李　白	同上	《月下独酌四首》(其一)	第四册

朝代	作家/作品	简　介		课本入选作品
唐朝	杜　甫	杜甫(712—770年)，字子美，京兆杜陵(今陕西西安)人，祖籍湖北襄阳，生于河南巩县。自号"少陵野老"，唐代伟大的现实主义诗人，与李白合称"李杜"。为了与另两位唐朝诗人李商隐与杜牧即"小李杜"区别，杜甫与李白又合称"大李杜"，杜甫也常被称为"老杜"。杜甫在中国古典诗歌中的影响非常深远，被后人称为"诗圣"，他的诗被称为"诗史"。后世称其杜拾遗、杜工部，也称他杜少陵、杜草堂。 　　杜甫生活于唐朝由盛转衰的历史时期。杜甫出生在一个世代"奉儒守官"的家庭，家学渊博。早期作品主要表现理想抱负和所期望的人生道路。另一方面则表现他"致君尧舜上，再使风俗淳"的政治理想和忧国忧民的爱国情怀。随着唐玄宗后期政治越来越腐败，他的生活也一天天地陷入贫困失望的境地。在颠沛流离的生活中，杜甫创作了《春望》《北征》《三吏》(《新安吏》《石壕吏》《潼关吏》)与《三别》(《新婚别》《垂老别》《无家别》)等名作。 　　杜甫虽然在世时名声并不显赫，但后来声名远播，对中国文学和日本文学都产生了深远的影响。杜甫共有约1500首诗歌被保留了下来，大多集于《杜工部集》。其诗善铺陈，多叙事，风格则以"沉郁顿挫"为主而兼具多种色调，且无论古近律绝、长篇短制皆精，故苏轼评其为"集大成"。	《旅夜书怀》	第一册
唐朝	杜　甫	同上	《登高》	第四册
唐朝	韩　愈	韩愈(768—824年)，字退之，唐代文学家、思想家、政治家，古文运动的倡导者。河南河阳(今河南焦作孟州市)人，祖籍河北昌黎，世称韩昌黎，晚年任吏部侍郎，又称韩吏部，谥号"文"，又称韩文公，唐宋八大家之一。他与柳宗元同为唐代古文运动的倡导者，主张学习先秦两汉的散文语言，破骈为散，扩大文言文的表达功能。后人对韩愈评价颇高，宋代苏轼称他"文起八代之衰"，明人推他为唐宋八大家之首，与柳宗元并称"韩柳"，有"文章巨公"和"百代文宗"之名，作品都收在《昌黎先生集》里。韩愈在思想上是中国"道统"观念的确立者，是尊儒反佛的里程碑式人物。	《师说》	第二册

朝代	作家/作品	简　介		课本入选作品
唐朝	白居易	白居易(772—846年)，字乐天，号香山居士，又号醉吟先生，华州下邽人(今陕西渭南)，祖籍山西太原，出生于河南新郑，唐代伟大的现实主义诗人，唐代三大诗人之一。白居易与元稹共同倡导新乐府运动，世称"元白"，与刘禹锡并称"刘白"。白居易的诗歌题材广泛，形式多样，语言平易通俗，有"诗魔"和"诗王"之称。一生以44岁被贬江州司马为界，可分为"兼济天下"和"独善其身"两个时期。有《白氏长庆集》(以唐穆宗李恒年号"长庆"为书集名)传世，代表诗作有《长恨歌》《卖炭翁》《琵琶行》等。	《琵琶行　并序》	第四册
唐朝	白居易	同上	《买花》	第一册
五代	李　煜	李煜(937—978年)，五代十国时南唐国君。初名从嘉，字重光，号钟山隐士、莲峰居士。祖籍彭城(今江苏徐州)人。为南唐元宗李璟第六子。于宋建隆二年(961年)继位，史称李后主。李煜虽不精于政治，但其艺术才华非凡。精书法，善绘画，通音律，诗文均有一定造诣，尤以词的成就最高，有《虞美人·春花秋月何时了》《相见欢·无言独上西楼》等。被誉为"千古词帝"。	《虞美人·春花秋月何时了》	第二册
北宋	范仲淹	范仲淹(989—1052年)，字希文，北宋著名的政治家、思想家、军事家、文学家、教育家。卒谥文正，世称"范文正公"。祖籍陕西彬县，后迁居江苏苏州。著有《范文正公集》。	《苏幕遮·怀旧》	第四册
北宋	柳　永	柳永(987—1053年)，北宋著名词人，婉约派代表人物。崇安(今福建武夷山)人，原名三变，字景庄，后改名永，字耆卿，排行第七，又称柳七。宋仁宗朝进士，官至屯田员外郎，故世称柳屯田。他自称"奉旨填词柳三变"，以毕生精力作词，并以"白衣卿相"自诩。其词多描绘城市风光和歌妓生活，尤长于抒写羁旅行役之情，其中慢词独多，铺叙刻画，情景交融，语言通俗，音律谐婉，在当时流传极其广泛，有"凡有井水饮处，皆能歌柳词"之说。对宋词的发展有重大影响，代表作有《雨霖铃》《八声甘州》《凤栖梧》等，现存有大量诗篇。	《雨霖铃·寒蝉凄切》	第二册

朝代	作家/作品	简　介	课本入选作品	
北宋	柳　永	同上	《八声甘州》	第四册
北宋	晏　殊	晏殊(991—1055年)，字同叔，北宋前期著名词人、诗人、散文家，北宋抚州府临川城人(今属江西进贤县文港镇沙河人)。14岁时就因才华横溢而赐进士。晏殊与其第七子晏几道，在当时北宋词坛上，被称为"大晏"和"小晏"。谥号元献，世称晏元献。主要作品有《珠玉词》。	《浣溪沙》	第二册
北宋	欧阳修	欧阳修(1007—1072年)，字永叔，号醉翁。自言其有《集古录》一千卷，藏书一万卷，琴一张，棋一局，还常置酒一壶，加上他本人老头一个在中间。故又号"六一居士"。北宋吉州永丰(今江西省吉安市永丰县)人，政治家、文学家，且在政治上负有盛名。因吉州原属庐陵郡，故以"庐陵欧阳修"自居。谥号文忠，世称欧阳文忠公。后人又将其与韩愈、柳宗元和苏轼合称"千古文章四大家"。与韩愈、柳宗元、苏轼、苏洵、苏辙、王安石、曾巩被世人称为"唐宋散文八大家"。 欧阳修是宋代文学史上最早开创一代文风的文坛领袖。领导了北宋诗文革新运动，继承并发展了韩愈的古文理论。他的散文创作的高度成就与其正确的古文理论相辅相成，从而开创了一代文风。欧阳修在变革文风的同时，也对诗风词风进行了革新。在史学方面，也有较高成就。	《〈伶官传〉序》	第五册
北宋	苏　洵	苏洵(1009—1066年)，字明允，号老泉，眉州眉山(今属四川眉山)人。北宋文学家，与其子苏轼，苏辙合称"三苏"，均被列入"唐宋八大家"。苏洵长于散文，尤擅政论，议论明畅，笔势雄健，著有《嘉祐集》二十卷及《谥法》三卷。	《六国论》	第二册
北宋	王安石	王安石(1021—1086年)，字介甫，号半山，人称半山居士。封舒国公，后又改封荆国公，宋徽宗时追封为舒王。故世人又称王荆公、舒王。江西临州(今江西抚州)人。杰出的政治家、思想家、文学家、改革家，新党领袖，官至宰相。王安石在文学上具有突出成就，是唐宋时期八大家之一。传世文集有《王临川集》《临川集拾遗》《临川先生文集》等。作品大都收集在《王临川集》，其诗文各体兼擅，词虽不多，但亦擅长，且有名作《桂枝香》等。	《游褒禅山记》	第二册

朝代	作家/作品	简 介		课本入选作品
北宋	苏 轼	苏轼(1037—1101年),字子瞻,又字和仲,号东坡居士,"唐宋八大家"之一,宋代文学最高成就的代表。北宋眉州眉山(今属四川眉山)人。其诗、词、赋、散文均有极高成就,且善书法和绘画。其文汪洋恣肆,豪迈奔放,与韩愈并称"韩潮苏海",与欧阳修并称"欧苏"。其诗题材广阔,清新雄健,善用夸张比喻,独具风格,与黄庭坚并称"苏黄"。词开豪放一派,与辛弃疾同是豪放派代表,并称"苏辛"。又工书画。有《东坡七集》《东坡易传》《东坡乐府》等。	《赤壁赋》	第三册
北宋	苏 轼	同上	《念奴娇·赤壁怀古》	第二册
南宋	李清照	李清照(1084—1155年),字易安,号易安居士,山东省济南章丘人。宋代(南北宋之交)女词人,婉约词派代表,有"千古第一才女"之称。所作词,前期多写其悠闲生活,后期多悲叹身世,情调感伤。形式上善用白描手法,自辟途径,语言清丽。论词强调协律,崇尚典雅,提出词"别是一家"之说,反对以作诗文之法作词。能诗,留存不多,部分篇章感时咏史,情辞慷慨,与其词风不同。有《易安居士文集》《易安词》,已散佚。后人有《漱玉词》辑本。今有《李清照集校注》。	《声声慢》	第二册
南宋	辛弃疾	辛弃疾(1140—1207年),字幼安,号稼轩,济南府历城县(今济南市历城区)人,南宋豪放派词人,人称词中之龙,与苏轼合称"苏辛",与李清照并称"济南二安"。辛弃疾生于金国,少年抗金归宋,曾任江西安抚使、福建安抚使等职。追赠少师,谥忠敏。有词集《稼轩长短句》,现存词620多首,强烈的爱国主义思想和激昂的战斗精神是他词的基本思想内容。著名词作有《水调歌头·带湖吾甚爱》《摸鱼儿·更能消几番风雨》《满江红·家住江南》《沁园春·杯汝来前》《西江月·夜行黄沙道中》等。其词艺术风格多样,以豪放为主,风格沉雄豪迈又不乏细腻柔媚之处。其词题材广阔又善化用前人典故入词,抒写力图恢复国家统一的爱国热情,倾诉壮志难酬的悲愤,对当时执政者的屈辱求和颇多谴责,也有不少吟咏祖国河山的作品。另著有《美芹十论》与《九议》,条陈战守之策。	《永遇乐·京口北固亭怀古》	第二册

朝代	作家/作品	简　介	课本入选作品	
南宋	辛弃疾	同上	《青玉案·元夕》	第四册
南宋	陆　游	陆游（1125—1210年），南宋杰出的爱国诗人、词人。字务观，号放翁。越州山阴（今浙江绍兴）人。其一生笔耕不辍，今存诗九千多首，内容极为丰富。与王安石、苏轼、黄庭坚并称"宋代四大诗人"，又与杨万里、范成大、尤袤合称"中兴四大诗人"。著有《剑南诗稿》《渭南文集》《南唐书》《老学庵笔记》等。	《书愤》	第一册
南宋	陆　游	同上	《卜算子·咏梅》	第四册
元朝	关汉卿	关汉卿（约1226—1300年），元代杂剧奠基人，"元曲四大家"之首。晚号已斋（一说一斋）、已斋叟。大都（今北京市）人。与白朴、马致远、郑光祖并称为"元曲四大家"。以杂剧的成就最大，一生编有杂剧67部，今存18部，最著名的是《窦娥冤》（全名为《感天动地窦娥冤》），另有《救风尘》《望江亭》《单刀会》等，后人辑有《关汉卿戏曲集》。其塑造的"我却是蒸不烂、煮不熟、捶不匾、炒不爆、响当当一粒铜豌豆"的形象也广为人称，被誉为"曲家圣人"，西方称之为"东方的莎士比亚"。	《窦娥冤》	第三册
明朝	归有光	归有光（1506—1571年），明代散文家、古文家。字熙甫，又字开甫，别号震川，又号项脊生，世称"震川先生"。江苏昆山人。著有《震川先生集》《三吴水利录》等。	《项脊轩志》	第二册
清朝	方　苞	方苞（1668—1749年），字灵皋，亦字凤九，晚年号望溪，又号南山牧叟。安徽桐城人，清代散文家，桐城派散文的创始人，与姚鼐、刘大櫆合称"桐城三祖"。著有《望溪先生文集》。	《左忠毅公逸事》	第五册
清朝	龚自珍	龚自珍（1792—1841年），字璱（sè）人，号定庵（ān），后更名易简，字伯定；又更名巩祚，号定庵；清代思想家、文学家，是首开近代文学民主风气的人物。浙江仁和（今杭州）人。著有《定庵文集》，留存文章300余篇，诗词近800首，今人辑为《龚自珍全集》。著名诗作《己亥杂诗》共315首，作于道光十九年（1839年）。	《病梅馆记》	第三册

附录2：我国古代文学主要成就

时代	名称	说明	其他文学样式
先秦	诗歌	我国第一部诗歌总集《诗经》，开创了我国现实主义诗歌传统；《楚辞》是一部充满积极浪漫主义精神的诗歌总集。	古代神话故事样式散见于《山海经》《淮南子》《楚辞》《庄子》《列子》《国语》《左传》等作品中。
	散文	历史散文有我国第一部编年体史书《左传》，最早的国别体史书《国语》，国别体史书《战国策》。 诸子散文有《论语》《孟子》《墨子》《老子》《庄子》《荀子》《韩非子》等。	
秦汉	乐府民歌	汉武帝设立管理音乐的"乐府"机关，客观上推动了乐府诗的发展。长篇叙事诗《孔雀东南飞》是汉乐府的杰出代表。	这一时期的"赋"也十分兴旺，如贾谊的《吊屈原赋》和《鵩鸟赋》都是脍炙人口的千古名篇。
	散文	西汉司马迁的《史记》是我国第一部纪传体通史，东汉班固的《汉书》是我国第一部断代史。	
魏晋南北朝	诗歌	这个时期最突出的成就是诗歌，东晋以陶渊明为代表，南北朝以鲍照为代表。乐府民歌中最杰出的作品当推《木兰诗》。	西晋史学家陈寿著的《三国志》、南朝史学家范晔著的《后汉书》等史书都很著名；刘勰的文学评论专著《文心雕龙》和钟嵘的诗论专著《诗品》影响也很大。这时期的小说也初具规模，如刘义庆的笔记小说《世说新语》，干宝的志怪小说《搜神记》。
	骈文	骈文又称骈体文，起源于汉末，形成于魏晋，盛行于南北朝。其中南朝梁代吴均的《与朱元思书》很著名。	
隋唐	诗歌	唐诗所取得的成就标志着我国古代诗歌发展史上黄金时代的到来。《全唐诗》所收录的就有2200余人的诗作约5万首。唐代诗人最著名的当推李白、杜甫、白居易。	散文也很活跃，韩愈和柳宗元是古文运动的倡导者和杰出代表。唐传奇小说也是我国古典小说的一个高峰。

时代	名称	说明	其他文学样式
宋	词	宋词达到词创作的高峰。宋初以晏殊、欧阳修、柳永为代表,其后苏轼、辛弃疾影响最大,影响最大的女词人是李清照。	宋诗也很兴旺,宋代散文方面也出现了欧阳修、王安石等著名作家。
元	杂剧	杂剧是元朝文学创作中最有成就的文学样式。关汉卿的《窦娥冤》、郑光祖的《倩女离魂》、白朴的《墙头马上》和马致远的《汉宫秋》为元曲四大家的代表作品。王实甫的《西厢记》则是高居于世的杰作。	到元代末年,南戏创作达到高峰,著名的戏曲作品有《荆钗记》《白兔记》《拜月亭》《杀狗记》和高明的《琵琶记》等。
明清	小说	明清时期文坛最杰出的贡献是小说,明代罗贯中《三国演义》、施耐庵《水浒传》、吴承恩《西游记》、许仲琳《封神演义》,清代吴敬梓《儒林外史》、钱彩《说岳全传》、曹雪芹《红楼梦》、李汝珍《镜花缘》、文康《儿女英雄传》、刘鹗《老残游记》等影响较大。冯梦龙的"三言"(《喻世明言》《警世通言》《醒世恒言》)、凌濛初的"二拍"(《初刻拍案惊奇》《二刻拍案惊奇》)广为流传。	这一时期的戏曲代表作有:明朝汤显祖的《牡丹亭》,清初洪昇的《长生殿》、孔尚任的《桃花扇》。

附录3：我国文学之最一览表

项　　目	名　　称	说　　明
最早的汉字	殷商甲骨文	殷商王朝崇尚迷信，凡祭祀、征战、田猎，常用龟甲兽骨卜凶吉，并在其上刻写占卜日期、占卜者的姓名、占卜的事情和结果等。那些刻在龟甲和兽骨上的文字称甲骨文。甲骨文记录和反映了商朝的政治与经济情况，是中国已知最早的成体系的文字形式，它上承原始刻绘符号，下启青铜铭文，是汉字发展的关键形态。现代汉字即由甲骨文演变而来。
最早的历史散文	《尚书》	《尚书》又称《书》《书经》，它以记言为主，是儒家经典之一。"尚"即"上"，意谓上古之书。《汉书·艺文志》说，《尚书》原有100篇，孔子编纂并为之作序。今存于《十三经注疏》的《古文尚书》有58篇，分为虞书、夏书、商书、周书四部分。所记基本是誓、命、训、诰一类的言辞。文字古奥迂涩，只有少数文字比较形象、流畅。
最早的诗歌总集	《诗经》	《诗经》是中国第一部诗歌总集，收集了自西周初年至春秋中叶五百多年的诗歌305篇。先秦称为《诗》，或取其整数称《诗三百》、《三百篇》。西汉时被尊为儒家经典，才称为《诗经》，并沿用至今。《诗经》开创了我国现实主义的诗歌传统。内容上分为风、雅、颂三部分，其中"风"指国风，即西周时期各国的民间歌谣，有十五国风，共160首；"雅"主要是周王京都附近地方的乐歌，分大雅和小雅，共105篇；"颂"主要是统治者进行宗庙祭祀时的乐歌，有40首。表现手法主要是赋、比、兴。"赋"就是铺陈（敷陈其事而直言之也），"比"就是比喻（以彼物比此物也），"兴"就是启发（先言它物以引起所咏之词也）。"风""雅""颂""赋""比""兴"，合称《诗经》的"六义"。"国风"是《诗经》中的精华，在《诗经》中成就最高。
最早的国别体史书	《国语》	《国语》记录了周朝王室和鲁国、齐国、晋国、郑国、楚国、吴国、越国等诸侯国的历史。上起周穆王十二年（前990），下至智伯被灭（前453年）。共21卷，包括各国贵族间朝聘、宴飨、讽谏、辩说、应对之辞以及部分历史事件与传说。

项 目	名 称	说 明
最早的语录体散文	《论语》	《论语》是一部语录体的散文集,它是记录孔子及其弟子言行的汇编,由孔子的门人和再传弟子所辑录,全面地反映了孔子的哲学、政治、文化和教育思想,是关于儒家思想的重要著作。宋儒把《论语》《大学》《中庸》和《孟子》合称为"四书"。
最早的军事著作	《孙子兵法》	《孙子兵法》又称《孙武兵法》《吴孙子兵法》《孙子兵书》《孙武兵书》等,是中国现存最早的兵书,也是世界上最早的军事著作,被誉为"兵学圣典"。共有 6000 字左右,一共 13 篇,36 计。
最早的神话传说	《山海经》	《山海经》是中国先秦重要古籍,是一部有价值的地理著作,也是一部荒诞不经的奇书。它对于中国古代历史、地理、文化、中外交通、民俗、神话等的研究,均有参考价值。其中的矿物记录,更是世界上最早的有关文献。
最早的说理散文集	《吕氏春秋》	《吕氏春秋》是战国末期秦国丞相吕不韦组织门客编写的一部杂家代表作,又称《吕览》,成书于秦始皇统一六国前夕。全书共分 12 纪,8 览,6 论,共 26 卷,160 篇,20 余万字。注重博采众家学说,以道家思想为主,兼收儒、墨、法、兵、农、纵横和阴阳各先秦诸子百家言论,所以《汉书·艺文志》等将其列入杂家。吕不韦自己认为其中包括了天地万物古往今来的事理,所以号称《吕氏春秋》。
最早的长篇抒情诗	《离骚》	《离骚》是战国时期著名诗人屈原晚年的代表作,是中国第一首由诗人自己创作的独立完成的带有自传性质的长篇政治抒情诗,共 373 句。诗人从自叙身世、品德、理想写起,抒发了自己遭谗言、被迫害的苦闷与矛盾心情,揭露了楚王昏庸、群小猖獗与朝政日非的政治现实,表现了诗人坚持"美政"理想、不附和邪恶势力的自爱精神及对楚王朝至死不渝的忠诚。
最早的长篇叙事诗	《孔雀东南飞》	《孔雀东南飞》是我国古代文学史上最早的一首长篇叙事诗,也是我国古代最优秀的民间叙事诗。是汉乐府叙事诗发展的高峰,也是我国文学史上现实主义诗歌发展中的重要标志。它原名为《古诗为焦仲卿妻作》,最早见于徐陵所编的《玉台新咏》,是以真人真事为基础创作的。全诗 357 句,1785 个字,沈归愚称为"古今第一首长诗",与《木兰辞》并称"乐府双璧"。

项　目	名　称	说　明
最早的词典	《尔雅》	《尔雅》是我国最早的一部解释词义的专著,也是第一部按照词义系统和事物分类来编纂的词典。作为书名,"尔"是"近"的意思(后来写作"迩"),"雅"是"正"的意思,在这里专指"雅言",即在语音、词汇和语法等方面都合乎规范的标准语。《尔雅》的意思是接近、符合雅言,即以雅正之言解释古语词、方言词,使之近于规范。它由西汉初年的学者编辑而成,开创了我国百科词典的先河。
最早的纪传体史书	《史记》	《史记》是我国第一部纪传体通史,是二十四史书之首,全书分12本纪,10表,8书,30世家,70列传,共130篇,五十二万余字,记载了中国从传说中的黄帝到汉武帝长达3000余年间的历史。《史记》是中国传记文学的典范。《史记》最初没有书名,世人称之"太史公书""太史公传",省称"太史公"。"史记"本是古代史书的通称,从三国时期开始,"史记"由史书的通称逐渐演变成"太史公书"的专称。《史记》与《汉书》(班固)、《后汉书》(范晔、司马彪)、《三国志》(陈寿)合称"前四史"。刘向等人认为此书"善序事理,辩而不华,质而不俚"。与宋代司马光编撰的《资治通鉴》并称"史学双璧"。鲁迅称《史记》为"史家之绝唱,无韵之《离骚》"。
最早的字典	《说文解字》	《说文解字》简称《说文》,东汉经学家、文字学家许慎著,是世界上最早的字典之一。成书于汉和帝永元十二年(100年)到安帝建光元年(121年)。《说文解字》是我国第一部按部首编排的字典,系统地分析字形和考究字源的字典。
最早的笔记小说	《世说新语》	《世说新语》是一部记述魏晋士大夫言谈轶事的笔记小说。是由南北朝刘宋宗室临川王刘义庆(403—444年)组织一批文人编写的。分为德行、言语、政事、文学、方正、雅量等三十六门,全书共一千多则,记述自汉末到刘宋时名士贵族的逸闻轶事,主要分为有关人物评论、清谈玄言和机智应对的故事。
第一部诗论专著	《诗品》	《诗品》是我国古代第一部诗论专著,南朝梁钟嵘撰。全书共品评了两汉至梁代的诗人122人,所论范围主要是五言诗,把品评的诗人分上、中、下三等。
最早的诗文总集	《文选》	《文选》,又称《昭明文选》,是中国现存的最早一部诗文总集,由南朝梁武帝的长子萧统组织文人共同编选。萧统死后谥"昭明",所以他主编的这部文选又称作《昭明文选》。共60卷,收录极为丰富,选材上等。

项 目	名 称	说 明
最早的政论文总集	《新书》	《新书》又称《贾子》，是西汉杰出的政治家、思想家、文学家贾谊的政论文集，《汉书·艺文志》列入儒家。《新书》集中反映了贾谊的政治经济思想，开篇即为著名的《过秦论》。贾谊的政论散文逻辑严密，感情充沛，气势非凡，体现了汉初知识分子在汉帝国大一统创始期的积极进取以及力图建功伟业的豪情壮志，代表汉初政论散文的最高成就。
最早的文学批评专著	《文心雕龙》	《文心雕龙》是中国南朝文学理论家刘勰创作的一部文学理论著作。它是中国文学理论批评史上第一部有严密体系的、"体大而虑周"的文学理论专著。全书共10卷，50篇（原分上、下部，各25篇），以孔子美学思想为基础，兼采道家，全面总结了齐梁时代以前的美学成果，细致地探索和论述了语言文学的审美本质及其创造、鉴赏的美学规律。"文心"是"言为文之用心"；"雕龙"是因"古来文章，以雕缛成体"，如雕镂龙纹。其书名大致可译为：文学思想研究。
最早的小说	《穆天子传》	记述周穆王事迹而带有虚构成分的传记作品。又名《周王传》《周王游行记》。作者不详，是晋代从战国时魏王墓中发现的先秦古书之一。共6卷。前5卷记周穆王驾八骏马西征之事；后1卷记穆王美人盛姬卒于途中而返葬事，别名《盛姬录》。后虽有人疑为伪书，但一般认为它是周穆王至魏襄王间的传闻记录。
最早的编年体史书	《资治通鉴》	《资治通鉴》，简称"通鉴"，是北宋司马光主编的一部多卷本编年体史书，共294卷，历时19年告成。它以时间为纲，事件为目，从周威烈王二十三年（公元前403年）写起，到五代后的周世宗显德六年（公元959年）征淮南停笔，涵盖16朝1362年的历史。它是中国第一部编年体通史，在中国官修史书中占有极重要的地位。因有"鉴于往事，资于治道"的意思，故定《资治通鉴》书名。
第一部综合性学术专著	《梦溪笔谈》	《梦溪笔谈》，北宋科学家、政治家沈括撰，是一部笔记体综合性学术专著，世人称其为"中国科学史上里程碑"。该书在国际上亦受重视，英国科学史家李约瑟评价其为"中国科学史上的里程碑"。全书共26卷，书中记述了丰富的科学资料，总结了学术领域中广泛的知识和经验，也包含作者广泛的见闻和见解。

项　　目	名　　称	说　　明
第一部 长篇历史小说	《三国演义》	《三国演义》，中国古典四大名著之一。元末明初小说家罗贯中所著，是中国第一部长篇章回体历史演义的小说。描写了从东汉末年到西晋初年之间近一百年的历史风云。全书反映了三国时代的政治军事斗争，反映了三国时代各类社会矛盾的渗透与转化，概括了这一时代的历史巨变，塑造了一批叱咤风云的英雄人物。
第一部 描写农民 战争的优秀 长篇小说	《水浒传》	《水浒传》又名《忠义水浒传》，简称《水浒》，由施耐庵作于元末明初，是中国古典四大名著之一。全书描写北宋末年以宋江为首的一百〇八位好汉在梁山起义，以及聚义之后接受招安、四处征战的故事。由施耐庵著，罗贯中编次，《水浒传》也是汉语文学中最具备史诗特征的作品之一。是中国历史上最早用白话文写成的章回小说之一。
第一部 长篇神话 小说	《西游记》	《西游记》中国古典四大名著之一，明代小说家吴承恩所著，是中国古代第一部浪漫主义长篇神话小说。主要描写孙悟空、猪八戒、沙僧三人保护唐僧西行取经，沿途遇到八十一难，一路降妖伏魔，化险为夷，最后到达西天、取得真经的故事。
古代最优秀的 长篇小说	《红楼梦》	《红楼梦》又名《石头记》，原名《脂砚斋重评石头记》，章回体长篇小说，是一部伟大的、不朽的现实主义文学巨著，产生于18世纪中叶。小说以贾、王、史、薛四大家族为背景，着重叙述贾家宁、荣两府逐步衰败的过程，揭露了封建官僚地主家庭的荒淫腐败虚伪欺诈及其各种罪恶活动。以贾宝玉、林黛玉二人的爱情悲剧为线索，广泛的反映了当时的社会现象和各种矛盾。《红楼梦》是我国古典小说艺术的最高峰，被誉为"中国封建社会的百科全书"。《红楼梦》通行本共120回，前80回是曹雪芹作，后40回一说为高鹗所续。
第一部 优秀文言 短篇小说集	《聊斋志异》	《聊斋志异》，简称《聊斋》，俗名《鬼狐传》，是中国清代著名小说家蒲松龄创作的文言短篇小说集。全书共有短篇小说491篇。题材广泛，内容丰富，艺术成就很高。聊斋，是蒲松龄的书屋名；志异，有记录奇异事件的意思。
第一部 戏曲理论 著作	《闲情偶寄》	《闲情偶寄》由清代李渔撰。包括词曲、演习、声容、居室、器玩、饮馔、种植、颐养等8部，内容较为驳杂，戏曲理论、养生之道、园林建筑尽收其内。

项 目	名 称	说 明
第一篇 反封建 白话小说	《狂人日记》	《狂人日记》是鲁迅的一篇短篇小说,收录在鲁迅的短篇小说集《呐喊》中。它也是中国第一部现代白话文小说。首发于 1918 年 5 月 15 日《新青年》月刊第 4 卷第 5 号。内容大致上是以一个"狂人"的所见所闻,指出中国封建礼教的朽坏。《狂人日记》在近代中国的文学历史上是一座里程碑,开创了中国新文学的革命现实主义传统。
第一部 小说史	《中国小说史略》	《中国小说史略》是鲁迅先生编撰的中国第一部小说史专著。全书共有 28 篇,叙述中国古代小说发生、发展、演变过程,始于神话与传说,迄于清末谴责小说。
现代第一部 新诗集	《女神》	《女神》是中国第一部新诗集。郭沫若作。收入 1919 年到 1921 年之间的主要诗作,连同序诗共 57 篇,多为诗人留学日本时所作。其中代表诗篇有《凤凰涅槃》《女神之再生》《炉中煤》《日出》《笔立山头展望》《地球,我的母亲!》《天狗》《晨安》《立在地球边上放号》等。在诗歌形式上,突破了旧格套的束缚,创造了雄浑奔放的自由诗体,为"五四"以后自由诗的发展开拓了新的天地,成为中国新诗的奠基之作。

附录4：文史名词解释一览表

名　称	解　释
四书	宋朝朱熹抽取《礼记》中的《大学》《中庸》两篇，和《论语》《孟子》编在一起，称为"四书"。宋代以后，规定儿童上学读了启蒙读物以后，就要读"四书"。作为儒家学派的经书，"四书"不仅保存了儒家先哲的思想和智慧，也体现出早期儒学形成的嬗递轨迹。"四书"蕴含了儒家思想的核心内容，是儒学认识论和方法论的集中体现。
五经	"五经"，指儒家的五部圣经，即《诗经》《尚书》《礼记》《周易》《春秋》。温柔宽厚，《诗》教也；疏通知远，《书》教也；广博易良，《乐》教也；洁静精微，《易》教也；恭俭庄敬，《礼》教也；属词比事，《春秋》教也。汉武帝立五经博士，以"五经"教授学生，始有"五经"之称，这就奠定了儒家经典的尊贵地位，而儒教国家化也由此开端。
六艺	"六艺"指《诗》《书》《礼》《易》《乐》《春秋》六部儒家经书，而《乐》久已失传，所谓"六艺"实指五经。《师说》中说的"六艺经传皆通习之"中的"六艺"即沿袭这一传统说法。 另外，"六艺"又指中国周朝的贵族教育体系，开始于公元前1046年的周王朝，周王官学要求学生掌握的六种基本才能：礼、乐、射、御、书、数。《张衡传》中"贯六艺"即指这种六种学问和技能。
六义	"六义"是诗经学名词。语出《诗·大序》："故诗有六义焉：一曰风，二曰赋，三曰比，四曰兴，五曰雅，六曰颂。"一般认为"风、雅、颂"是诗的分类和内容题材；"赋、比、兴"是诗的表现手法。
六合	汉语词语，常用于指上下和四方，泛指天地或宇宙。贾谊的《过秦论》"履至尊而制六合"中的"六合"，则指天、地、东、南、西、北这6个方向，指代天下。 "六合"也指旧时结婚选吉日，男女双方出生的年、月、日的天干和地支由6字组成，称六合。《孔雀东南飞》有"六合正相应"语。
五谷	古代所指的五种谷物。"五谷"，古代有多种不同说法，最主要的有两种：一种指稻、黍、稷、麦、菽；另一种指麻、黍、稷、麦、菽。两者的区别是：前者有稻无麻，后者有麻无稻。古代经济文化中心在黄河流域，稻的主要产地在南方，而北方种稻有限，所以"五谷"中最初无稻。现今"五谷"泛指粮食作物。

名　称	解　释
六畜	指六种家畜:马、牛、羊、猪、狗、鸡。
五体	指两上肢、两下肢和头,有成语"五体投地"。"四体"指两上肢、两下肢,有成语"四体不勤,五谷不分"。
五官	有多种说法,按荀子《天论》中所言,指耳、目、口、鼻、身五个部位。现在通指脸上的器官。
五伦	我国封建时代称君臣、父子、兄弟、夫妇、朋友等五种伦理关系。
三纲五常	"三纲"指君为臣纲、父为子纲,夫为妻纲。"五常"指仁、义、礼、智、信。
五音	指古代音乐的宫、商、角(jué)、徵(zhǐ)、羽。后来加上变宫、变徵,就形成七个音阶,即为宫、商、角、变徵、徵、羽、变宫,依次相当于今天的"1、2、3、4、5、6、7"七个音阶。五音又称五声。
六律	六律,定音器(竹管)。共有十二个,古书所说的六律,通常是就阴阳各六的十二律而言的。六律还指中国古代的一种法律制度。
六朝	六朝,一般是指中国历史上三国至隋朝的南方的六个朝代,即三国吴(或称东吴、孙吴)、东晋、南朝宋(或称刘宋)、南朝齐(或称萧齐)、南朝梁、南朝陈这六个朝代。六朝承汉启唐,创造了极其辉煌灿烂的"六朝文明",在科技、文学、艺术等方面均达到了空前的繁荣,开创了中华文明新的历史纪元。这六个朝代的共同点是都建都于南京,六朝时期的南京城是世界上第一个人口超过百万的城市,和古罗马城并称为"世界古典文明的两大中心",在人类历史上产生了极其深远的影响。
文房四宝	中国汉族传统文化中的文书工具,即笔、墨、纸、砚。文房四宝之名,起源于南北朝时期。历史上,"文房四宝"所指之物屡有变化。在南唐时,"文房四宝"特指宣城诸葛笔、徽州李廷圭墨、澄心堂纸、婺源(原属安徽徽州府,现属于江西)龙尾砚。自宋朝以来"文房四宝"则特指湖笔(浙江省湖州)、徽墨(徽州,现安徽歙县)、宣纸(现安徽省泾县,泾县古属宁国府,产纸以府治宣城为名)、端砚(现广东省肇庆,古称端州)。
三教九流	泛指古代中国的宗教与各种学术流派,是古代中国对人的地位和职业名称划分的等级。也泛指社会上各种行业、各色人物。在古代白话小说中,往往含有贬义。其中三教指儒教、佛教和道教。九流指儒家、道家、阴阳家、法家、名家、墨家、纵横家、杂家、农家。
五行	五行学说有"元素论五行"和"德性论五行"之分。"元素论五行"包括水、火、金、木、土,认为宇宙万物,都由这五种基本物质的运行(运动)和变化所构成。"德性论五行"包括仁、义、礼、智、信。

名　称	解　释
诸子百家	诸子百家是对春秋战国时期各种学术派别的总称,据《汉书·艺文志》的记载,数得上名字的一共有189家,4324篇著作。其后的《隋书·经籍志》《四库全书总目》等书则记载"诸子百家"实有上千家。但流传较广、影响较大、最为著名的不过几十家而已。归纳而言只有10家被发展成学派。诸子百家之流传中最为广泛的是儒家、道家、阴阳家、法家、名家、墨家、杂家、农家、小说家、纵横家。
十三经	十三经,儒家的十三部经书,即《易》《书》《诗》《周礼》《仪礼》《礼记》《春秋左传》《春秋公羊传》《春秋谷梁传》《论语》《孝经》《尔雅》《孟子》。
竹林七贤	魏正始年间(240—249年),嵇康、阮籍、山涛、向秀、刘伶、王戎及阮咸七人,常在当时的山阳县(今河南辉县、修武一带)竹林之下,喝酒、纵歌,肆意酣畅,因七人皆有文才,故世谓"竹林七贤"。
四库全书	《四库全书》是在清乾隆皇帝的主持下,由纪晓岚等360多位高官、学者编撰,3800多人抄写,费时十三年编成。丛书分经、史、子、集四部,故名四库。共有3500多种书,7.9万卷,3.6万册,约8亿字,基本上囊括了中国古代所有图书,故称"全书"。当年,乾隆皇帝命人手抄了7部《四库全书》,下令分别藏于全国各地。先抄好的四部分贮紫禁城文渊阁、辽宁沈阳文溯阁、圆明园文源阁、河北承德文津阁珍藏,这就是所谓的"北四阁"。后抄好的三部分贮扬州文汇阁、镇江文宗阁和杭州文澜阁珍藏,这就是所谓的"南三阁"。
二十四史	二十四史,中国古代各朝撰写的二十四部史书的总称,是被历来的朝代纳为正统的史书,故又称"正史"。它上起传说中的黄帝(约前2550年),止于明朝崇祯十七年(1644年),计3213卷,约4000万字,用统一的有本纪、列传的纪传体编写。包括《史记》《汉书》《后汉书》《三四志》《晋书》《宋书》《南齐书》《梁书》《陈书》《魏书》《北齐书》《周书》《隋书》《南史》《北史》《旧唐书》《新唐》《旧五代史》《新五代史》《宋史》《辽史》《金史》《元史》《明史》等。
先秦文学	先秦即秦代以前,指公元前221年秦朝统一天下以前的历史,包括中国原始社会、奴隶社会和早期封建社会三种社会形态。先秦文学要讨论中国文学的起源、口头文学、早期书面文学和成熟的书面文学。先秦文学的主体部分是成熟的周代书面文学,尤其是春秋战国时期的文学。它包括《诗经》《楚辞》,历史散文《尚书》《春秋》《左传》《国语》《战国策》,诸子散文《论语》《墨子》《老子》《孟子》《庄子》《荀子》《韩非子》等。其中,《吕氏春秋》和李斯的《谏逐客书》成书于秦统一中国以前,因此这两部书也归入先秦文学。

名　称	解　释
建安文学	建安(196—220年)是汉献帝的年号,文学史一般所说的建安文学,是建安前几年至魏明帝最后一年(239年)这段时间的文学,实即曹氏势力统治下的文学,而创作主要是在建安年间。代表作家主要是曹氏父子(曹操、曹丕、曹植),建安七子(孔融、陈琳、王粲、徐干、阮瑀、应场、刘桢)和蔡琰等。
桐城派	桐城派是清代文坛最大散文流派,因其早期的重要作家戴名世、方苞、刘大櫆、姚鼐均系清代安徽桐城人,故名。他们强调文道合一,选词用语求"雅洁",反对俚俗,以阳刚阴柔分析文章风格。主张学习先秦两汉散文和唐宋韩愈、欧阳修等人的作品。理论体系完整,创作特色鲜明,作家众多,作品丰富,播布地域广,绵延时间久,影响深远。

附录5:文化常识

一、古人纪年法

1.王公即位年次纪年法

王公即位纪年是我国最早的纪年法,它按照国君即位的年次纪年,以国君的姓和谥号来称谓,以元、二、三、四等序数递记,直至新君上任为止。如《左传·僖公三十三年》:"三十三年春,秦师过周北门。"指鲁僖公三十三年。《史记·列传·廉颇蔺相如》:"赵惠文王十六年,廉颇为赵将。"

2.年号纪年法

年号纪年法创始于西汉的汉武帝刘彻,它以封建帝王的年号为纪年的依据。如《岳阳楼记》"庆历四年春"、《琵琶行》"元和十年"、《游褒禅山记》"至和元年七月某日"、《石钟山记》"元丰七年"等。

3.干支纪年法

干支纪年法的前身是我国远古夏朝制订的夏历。相传在东汉起采用天干和地支循环相配,用来纪年,一直沿用至今。现在又称农历或阴历。"天干"即甲、乙、丙、丁、戊、己、庚、辛、壬、癸,"地支"即子、丑、寅、卯、辰、巳、午、未、申、酉、戌、亥。自10天干和12地支中分别取一而组成60年单位,称为六十甲子。列表如下:

干支纪年法

1	2	3	4	5	6	7	8	9	10
甲子	乙丑	丙寅	丁卯	戊辰	己巳	庚午	辛未	壬申	癸酉
11	12	13	14	15	16	17	18	19	20
甲戌	乙亥	丙子	丁丑	戊寅	己卯	庚辰	辛巳	壬午	癸未
21	22	23	24	25	26	27	28	29	30
甲申	乙酉	丙戌	丁亥	戊子	己丑	庚寅	辛卯	壬辰	癸巳
31	32	33	34	35	36	37	38	39	40
甲午	乙未	丙申	丁酉	戊戌	己亥	庚子	辛丑	壬寅	癸卯
41	42	43	44	45	46	47	48	49	50
甲辰	乙巳	丙午	丁未	戊申	己酉	庚戌	辛亥	壬子	癸丑
51	52	53	54	55	56	57	58	59	60
甲寅	乙卯	丙辰	丁巳	戊午	己未	庚申	辛酉	壬戌	癸亥

如《五人墓碑记》:"予犹记周公之被逮,在丁卯三月之望。""丁卯"指公元1627年。《〈黄

花冈七十二烈士事略〉序》:"死事之惨,以辛亥三月二十九日围攻两广督署之役为最。""辛亥"指公元1911年。近世还常用干支纪年来表示重大历史事件,如"甲午战争""戊戌变法""庚子赔款""辛丑条约""辛亥革命"。

"干支"纪年最简便的推算方法是:

公元数÷10,余数-3,得数为天干;

公元数÷12,余数-3,得数为地支;

比如2014年可以这样推算:2014÷10,余数4,4-3=1,天干的第1位就是甲;2014÷12,余数10,10-3=7,地支的第7位就是午;那么2014年的干支纪年为甲午年。

这里有两点注意事项:一是余数不要小于3,若余数小于3时,再加上一个除数再减3。二是余数是3时,再减3,得数为0时,就是天干或地支的最末一位。

二、古人纪月法

古代一年分春、夏、秋、冬四季,每季又分为三个月,这三个月依次称孟、仲、季。按夏历。具体列表如下:

四时	春			夏			秋			冬		
月份	孟春	仲春	季春	孟夏	仲夏	季夏	孟秋	仲秋	季秋	孟冬	仲冬	季冬
	1	2	3	4	5	6	7	8	9	10	11	12
节气	立春 雨水	惊蛰 春分	清明 谷雨	立夏 小满	芒种 夏至	小暑 大暑	立秋 处暑	白露 秋分	寒露 霜降	立冬 小雪	大雪 冬至	小寒 大寒

三、古人纪时法

古人纪时法表

时 称	说 明
夜半(夜分、午夜、半夜)	半夜里。
鸡鸣	公鸡鸣叫时。
平旦(昧旦、昧爽、平明、晓)	清晨,日出前。
日出(旦、朝、晨、早)	早晨,日出时。
食时(早食、宴食、蚤食)	古人一日两餐(这里指早餐)。指日出至午前的一段时间。
隅中(日禺,禺中)	正午前。
日中(正午、晌午、亭午、午)	正午时。

时　　　称	说　　　明
日昃(日仄、日昳、昃)	太阳始偏西。
晡时(日铺、夕食)	晚餐时。
日入(日下、日落、日沉、暮、昏、晚)	傍晚,日落时。
黄昏(日夕、日末)	日落后。
人定(定昏)	深夜酣睡时。

附:古人表示时间的一些别称

期年:满一年。

明年:第二年。

迩年:近年。

期月:满一月。

间月:隔月,即一月以上。

旬:10天为旬。一个月分三旬,初一到初十为上旬,农历十一至二十为中旬,农历二十一至三十为下旬。20天为兼旬。

望:农历每月的十五。这一天太阳西下时,月球正好从东方升起,月亮呈全貌,是赏月佳时,古人称这一天为"望"。

既望:农历每月的十六。

朔:农历每月的第一天,即初一。

晦:农历每月的最后一天。

三九:古人以农历每月的二十九为上九,初九为中九,十九为下九。另外"三九"也指冬至后的第三个"九天",即冬至后的第十九天到第二十七天。

翌(翼)日:明天,第二天。

旦日:明天,第二天。

异日:他日,过几天。

他日:别的一天。

四、节日习俗

节日习俗表

节　日	说　明
元旦	中国古代元旦指夏历(农历)正月初一。"元旦"一词最早出现于《晋书》。中国古代曾以腊月、十月等的月首为元旦,汉武帝始为农历正月初一,并沿用。"元"意为开始,第一。"旦"的字形是"日"下面加一横,这"一横"代表大海或地平线,"旦"是旭日东升的意思,意为一天的开始。"元旦"即一年中元月的第一天。古人称元旦为元日、元正,吴语区人又称年初一、新春。 　　中华民国始为公历1月1日,1949年中华人民共和国成立时得以明确,同时确定农历1月1日为"春节",因此元旦在中国也被称为"新历年""阳历年"(相对应地,春节称为"旧历年""阴历年"等)。
上元	正月十五,又称元宵、小正月、元夕或灯节,是春节之后的第一个重要节日。汉文帝依靠太尉周勃戡平"诸吕之乱"(刘邦妻子吕雉的吕姓亲属发动叛乱)的日子,正是正月十五。以后每年这一天晚上汉文帝都要出宫游玩,便把这一天定为元宵节。汉武帝修改历法,把元宵节列为重要节日。元宵节晚上民间习惯挂高灯、放爆竹,象征驱邪避祸、吉祥安福和万事如意。宋代始有吃元宵(圆子)的习俗。 　　在汉族古俗中,上元节(元宵节)、中元节(盂兰盆节,农历七月十五)、下元节(水官节,农历十月十五)合称三元,都是重要的节日。
花朝	农历二月十五为花朝日,又叫百花生日,俗称花神节、花神生日、挑菜节。另一说花朝为二月初二或十二。节日期间,人们结伴到郊外游览赏花,称为"踏青",姑娘们剪五色彩纸粘在花枝上,称为"赏红"。各地还有"装狮花""放花神灯"等风俗,以纪念百花的生日。花朝节由来已久,最早在春秋的《陶朱公书》中已有记载。
社日	社日是古代农民祭祀土地神的节日。汉以前只有春社,汉以后开始有秋社。自宋代起,以立春、立秋后的第五个戊日为社日。唐代诗人王驾有《社日》一诗,主要是描绘社日的欢乐场面。农村每到社日,香火遍地,鼓乐喧天,酬谢土地神。
寒食	寒食,即寒食节,亦称禁烟节、冷节、百五节。在夏历冬至后一百〇五日,清明节前一或二日。人们在这一日禁烟火,只吃冷食,所以叫作"寒食节"。在后世的发展中逐渐增加了祭扫、踏青、秋千、蹴鞠、牵勾、斗鸡等风俗或游戏。寒食节前后绵延两千余年,曾被称为民间第一大祭日。不少文人墨客都写过关于寒食节的诗文。 　　相传此俗源于纪念春秋时晋国介之推(姓介名推,又称介子推,之为虚词,子为敬称)。当时介之推与晋文公重耳流亡列国,介之推割股肉供文公充饥。文公复国后,之推不求利禄,与母归隐绵山。文公焚山以求之,之推坚决不出山,抱树而死。文公葬其尸于绵山,修祠立庙,并下令于子推焚死之日禁火寒食,以寄哀思,后相沿成俗。

节　日	说　明
清明	清明,农历二十四节气之一。每年三月初一前后(公历4月4—6日),太阳到达黄经15°时为清明节气。清明以后,我国大部分地区气温回升,农业生产上多忙于春耕春种。清明节,我国有踏青扫墓的习俗。
端午	农历五月初五为端午节,又称端阳节、午日节、五月节等。端午节起源于中国,最初是中国人民祛病防疫的节日,吴越之地春秋之前就有在农历五月初五以龙舟竞渡形式举行部落图腾祭祀的习俗;后因诗人屈原在这一天死去,便成了中国汉族人民纪念屈原的传统节日;部分地区也有纪念伍子胥、曹娥等说法。唐代以后,端午节被定为重大节日。端午节有吃粽子、喝雄黄酒,挂菖蒲、蒿草、艾叶,薰苍术、白芷,赛龙舟的习俗。 　　"端午节"为中国国家法定节假日之一,并已被列入世界非物质文化遗产名录。
七夕	农历七月初七为七夕节,又名乞巧节、七巧节或七姐诞,发源于中国,是华人地区以及部分受汉族文化影响的东亚国家传统节日。来自于牛郎与织女的传说。由于过往女子的命运只能嫁作人妇、相夫教子,因此不少女子都相信牛郎织女的传说,并希望以织女为榜样。所以每逢七姐诞,她们都会向七姐献祭,祈求自己能够心灵手巧、获得美满姻缘的节日。这也就是"乞巧"这名称的来源。妇女亦会结彩楼,预备黄铜制成的细针(七孔针),以五色细线对月迎风穿针。久而久之,七夕也成了"女儿节"。
中元	农历七月十五为中元节,俗称鬼节、七月半,佛教称为盂兰盆节。人们习惯在这一天或前一天祭祀祖先。传说该日地府放出全部鬼魂,民间普遍进行祭祀鬼魂的活动。凡有新丧的人家,一例要上新坟,而一般在地方上都要祭孤魂野鬼,所以,它是以祀鬼为中心的节日,系中国民间最大的祭祀节日之一。
中秋	农历八月十五为中秋节,又称月夕、秋节、仲秋节、八月节、八月会、追月节、玩月节、拜月节、女儿节或团圆节,因其恰值三秋之半,故名。 　　中秋节始于唐朝初年,盛行于宋朝,至明清时,已与元旦齐名,成为中国的主要节日之一。中秋节是中国三大灯节之一,过节要玩灯。但中秋没有像元宵节那样的大型灯会,玩灯主要只是在家庭、儿童之间进行的。人们习惯在这一天晚上家人团聚一堂,品月饼,赏明月,谈天说地,共享天伦之乐。
重阳	农历九月初九为重阳节,又称重九节、茱萸节。《易经》将"九"定为阳数,故两九相重称"重九",两阳相重称"重阳"。是日,民间有登高野游、赏秋、插茱萸、饮菊花酒、吃重阳糕、粽子等习俗,此外还有小孩子吃炒白药、婿家给丈母挑重阳担等风俗。重阳节早在战国时代就已形成,到了汉代,渐渐盛行起来,至唐代正式定为节日。

节　日	说　明
下元	农历十月十五为下元节。传说这一天水官根据考察,录奏天庭,为人解厄。这是一年中最后一个月亮节,在这个月圆的时候,人们要进行最重大的祭祖活动。清明节是以家族为单位来祭祖,中元节是以家庭为单位来祭祖,而下元节往往是以民族为单位来祭祖。
冬至	冬至,是中国农历中一个重要的节气,也是中华民族的一个传统节日,冬至俗称冬节、长至节、亚岁等。古人把这一天看成节气的起点,从冬至起,白天的时间慢慢长了。早在二千五百多年前的春秋时代,中国就已经用土圭观测太阳,测定出了冬至,它是二十四节气中最早定下来的一个,时间在每年的阳历12月21日至23日之间,这一天是北半球全年中白天最短、夜晚最长的一天。这一天北方有吃饺子、南方有吃汤圆和南瓜的习俗。
腊日	农历十二月初八日为腊日,即腊八节,俗称"腊八"。民间流传着吃"腊八粥"(有的地方是"腊八饭"),泡腊八蒜的风俗。
送灶	腊月二十三或二十四,俗称"小年",传说这一天是"灶王爷上天"之日,因此要祭灶神。小年过后的第七天就到年三十了,传说灶神爷要在腊月廿五日向玉皇大帝汇报主家一年的功过,做年终总结。所以,廿四夜主家要烧香送灶。
除夕	除夕是指农历每年末最后一天的晚上,即大年初一前夜。因常在夏历腊月二十九或三十,故又称该日为年三十,是中国传统节日中最重要的节日之一。 　　年的最后一天叫"岁除",那天晚上叫"除夕"。除夕这一天,家里家外不但要打扫得干干净净,人们往往通宵不眠,或喝酒聊天,或猜谜下棋,嬉戏游乐,叫"守岁"。零点时众人争相燃放爆炮,以求争先发财。另外,人们还要贴门神、贴春联、贴年画、挂灯笼等。

五、名号习俗

1. 姓

姓是标志家庭系统的称号,姓的分支为氏。战国以后,姓氏合一。

北宋时编为《百家姓》,开首为"赵、钱、孙、李,周、吴、郑、王……"。明代有《皇明千家姓》。

2. 名

孩子除用母亲或父亲的姓氏外,还要命"名"。旧说孩子出生三个月后,由父亲命"名"。例如孔子名丘,孟子名轲,墨子名翟,等等。

3. 字

古人除有姓名外,还有"表字",古代男20岁,女15岁即取字。称呼时通常先称名,后称字。在男子的字后加"甫(父)",表示对男子的美称。如有多种称谓时,一般先称官名,次称籍贯,后称姓名字号。

例如《游褒禅山记》中"四人者,庐陵萧君圭君玉……"这里"庐陵"是籍贯,"萧君圭"是指姓"萧"名"圭"(中间的"君"是敬称),"君玉"则是字。

4. 号

人的名字外另起的称号为号。"号"虽与名不一定有意义上的联系,但大多有根据。

例如苏轼因与田父野叟相从溪谷之间,筑室于东坡,便自号"东坡居士";李白少时生活在青莲乡,平时又喜种青莲花,便自号"青莲居士"。

5. 年号

封建帝王纪年的名号。由汉武帝刘彻始创。

例如《岳阳楼记》中"庆历四年春","庆历"就是宋朝国君宋仁宗赵祯的年号。

6. 谥号

帝王或官员死后,按其生前事迹与品德修养,评定褒贬而给予的称号。帝王之谥由礼官议上,臣下之谥由朝廷赐予。始于周代,止于清末。

例如苏轼谥号为"文忠",范仲淹谥号为"文正"。唐高宗死后,谥号为"天皇大圣大弘孝皇帝"。又如《左忠毅公逸事》中,"忠毅"就是左光斗的谥号。

7. 庙号

皇帝死后,在太庙立室奉祀而特立的名号。始于汉高祖刘邦。每个朝代的第一个皇帝一般称为太祖、高祖、世祖,以下为太宗、世宗、中宗、玄宗等。称呼时,庙号放在谥号的前边。

例如唐李渊为唐高祖,李世民为唐太宗,李隆基为唐玄宗。

8. 室号

宋元以来文人墨客常取室名,以寄情志。

例如"聊斋"是蒲松龄的书斋的名号。

9. 官称

古代为了表示对人尊敬,有时也以官爵相称。如有多种称谓时,一般先称官名,次称籍贯,后称姓名字号。

例如杜甫曾任工部员外郎,后世称他为杜工部。

10. 郡望

魏晋至唐时每郡的显贵称"郡望",意谓世居某地为人所仰望。称郡望表示对人的尊重,也表示他的显贵的地位和身份。后代也有以郡望代姓名的。

例如韩愈自称郡望昌黎,他的学生称他为昌黎先生。

11. 避讳

避免直接说出君主或长者的名字而采用改字、空字等办法加以回避叫避讳。

例如《捕蛇者说》中避唐太宗李世民讳,将"民风"改成"人风"等。

12. 省姓

在叙述过程中,第二次出现姓名时,常只提其名而略去姓氏了。

例如《鸿门宴》中"良乃入,具告沛公",这里的"良"就是张良,为省姓。

六、古代部分地理名称

古代部分地理名称表

名 称	说 明
九州	"九州"是中国的别称之一。古代中国人将全国划分为九个区域,即所谓的"九州"。对于九州的具体分布,说法不一。根据《尚书·禹贡》的记载,九州分别是:徐州、冀州、兖州、青州、扬州、荆州、梁州、雍州和豫州。
八荒	"八荒"也叫八方,指东、西、南、北、东南、东北、西南、西北等八面方向,指离中原极远的地方。后泛指周围、各地。
五湖	近代一般以洞庭湖、鄱阳湖、太湖、巢湖、洪泽湖为"五湖"。古代的说法不同,如《国语》《史记》中的五湖专指太湖,或太湖及其附近的湖泊。
四海	"四海"有两种说法,一是泛指天下四方,贾谊《过秦论》有"囊括四海之意"语;二指中国四面环绕的海,《礼记》中实指"东海、西海(今黄海)、南海、北海(今渤海)"。
江表	泛指长江以南地区。从中原人看来,该地区在长江之外,故称江表。《赤壁之战》中有"江表英豪咸归附之"语。
江东	一般指长江下游的江南地区。因长江在今安徽南部境内向东北方向斜流,而以长江此段为标准确定东西和左右。江东所指区域主要为长江南岸的苏南、浙江及皖南地区。江东又叫江左,江西又叫江右。如李清照诗云:"至今思项羽,不肯过江东。"《赤壁之战》:"兼仗父兄之烈,割据江东。"
中国	从春秋战国至明清时期,"中国"多用来泛指中原地区。现为中华人民共和国的简称。
中华	上古地区华夏族居四方之中的黄河流域一带,故称中华。后常用来泛指中原地区。现为中国的别称或华夏各族的简称。
关西	秦、汉、唐时期泛指函谷关或潼关以西地区(除京都一带)为关西,现指甘肃一带。
关外	秦、汉、唐时期泛指函谷关或潼关以东地区为关外。又称关东。辽宁、吉林、黑龙江三省位于山海关之外,在明清时期也被称为关外。
关中	关中又称关内。古代在陕西屡建都,秦都建咸阳,汉和唐朝均建都长安,由此称函谷关或潼关以西畿辅(首都周围一带)叫关中。现在指陕西省渭河流域一带。《鸿门宴》中"沛公欲王关中"的"关中",就是指这里。
三秦	项羽灭秦以后,把关中分为三区,分封给秦朝的三个降将,因此关中也称"三秦"。王勃诗《杜少府之任蜀州》有"城阙辅三秦"句。

附　录

名　称	说　明
塞外	"塞"指长城要塞。"塞外"指长城以北,今内蒙古自治区的中部和西部一带。又名塞北、朔北、漠南。
南海	指佛教名山地普陀山。
三晋	春秋末,晋国被赵、韩、魏三卿瓜分,后成为战国的韩、赵、魏三国,历史上称之为三晋。
东京	东汉以洛阳为东京,以长安为西京;唐五代至北宋时,以汴梁(开封府)为东京。
三辅	汉太初元年,置京兆尹、左冯翊和右扶风三个郡的行政区,因管辖京都及附近地区,故合称"三辅"。《张衡传》中张衡"游于三辅",即指此。
五岳	五岳是中国五大名山的总称。即东岳泰山(海拔1545米,位于山东省泰安市泰山区)、南岳衡山(海拔1300.2米,位于湖南省衡阳市南岳区)、西岳华山(海拔2154.9米,位于陕西省渭南市华阴市)、北岳恒山(海拔2016.1米,位于山西省大同市浑源县)、中岳嵩山(海拔1491.7米,位于河南省登封市郊)。泰山和嵩山曾经是封建帝王仰天功之巍巍而封禅祭祀的地方,更是封建帝王受命于天、定鼎中原的象征。清代文学家姚鼐《登泰山记》,即是写登东岳泰山。
西洋	泛指南洋群岛、马来半岛、印度、斯里兰卡、阿拉伯半岛、东非等地。《记王忠肃公翱事》有"昔先皇所颁僧保所货西洋珠于侍臣"语。
金陵	战国置金陵邑,秦时称秣陵,三国时东吴称建业,晋时称建康。东晋时陶侃在此筑白石垒,后又筑白下城,故称南京为白下。唐五代后,上元和江宁二县在南京同城而治,南京又称上元。明初称应天府,后改为南京,清初为江宁府,国民党政府在1927年在此建都,又正式命名为南京。
函谷关	函谷关西据高原,东临绝涧,南接秦岭,北塞黄河,是中国历史上建置最早的雄关要塞之一,因此关在谷中,深险如函,故称函谷关。
山东	山东指崤山以东,也就是函谷关以东地区。战国时泛指秦以外的六国领土。《过秦论》中"试使山东之国与陈涉度长絜大"的"山东",就是指六国领土。《鸿门宴》"沛公居山东时"的"山东",则是指函谷关以东地区。
西河	西河在函谷关以西,也就是关中。西部地区南北流向的黄河古称西河,该地区也被称为西河,现指陕西省渭河流域一带。《廉颇蔺相如列传》"会于西河外渑池"中的"西河"即指此。
赤壁	赤壁,地名,著名的有两处:一处是湖北省嘉鱼县东北的长江南岸,是周瑜打败曹操的地方,靠西;一处即《赤壁赋》苏轼所游的地方,又名"赤鼻矶",在湖北省黄冈市长江边,靠东。
京口	古城,在今江苏省镇江市,曾为三国孙吴的京城。辛弃疾《永遇乐·京口北固亭怀古》中的"京口"即指此。

名 称	说 明
姑苏	江苏省苏州市古称。因其市西南有姑苏山而得名。唐代诗人张继《枫桥夜泊》诗有"姑苏城外寒山寺"句。春秋时苏州一带是吴国都城,秦设吴县,东汉改吴郡,可见隋以前"吴"是苏州古称,《五人墓碑记》中有"吴之民方痛心焉"语。
阳关	西汉置,古址在今甘肃敦煌市西南古董滩附近。因在玉门关南而得其名。王维《送元二使安西》中有"西出阳关无故人"句。
江都	扬州的别名,扬州又称维扬,唐以前称"广陵"。
京师	京城。
阴	山的北面或水的南面称阴。
阳	山的南面或水的北面称阴。

七、古人年龄别称

古人年龄别称表

年龄	别称	说 明
初生日	初度	原是小儿初生之时。
1岁	周晬	清袁枚《祭妹文》:"两女牙牙,生汝死后,才周晬耳。"
二三岁	孩提	指初知发笑尚在襁褓中的幼儿。韩愈诗中就有"两家各生子,孩提巧相如"句。
七八岁	龆龀	"龆"(tiáo)"龀"(chèn)都是小孩子七八岁换牙期,故指七八岁的小孩。《列子·愚公移山》:"有遗男,始龀,跳往助之。"
10岁	幼学	《礼记·曲礼上》:"人生十年曰幼,学。"郑玄注:"名曰幼,时始可学也。"因称十岁为"幼学之年"。
儿童时期	总角	总角是八九岁至十三四岁的少年,古代儿童将头发分作左右两半,在头顶各扎成一个结,形如两个羊角,故称"总角"。曹雪芹《红楼梦·林黛玉进贾府》:"这院门上也有四五个才总角的小厮。"
幼年	垂髫	古时童子未冠,头发下垂,因而以"垂髫"指九岁以下的孩子,代指幼年,亦称髫龄、髫年。陶渊明《桃花源记》:"黄发垂髫,并怡然自乐。"
13岁	舞勺	舞勺是古时小孩所学的乐器。《礼记》中有"十有三年,学乐、诵诗、舞勺"语。后13岁小孩称为舞勺之年。
少女阶段	豆蔻年华	指少女十三四岁。该词语出自杜牧的诗:"娉娉袅袅十三余,豆蔻梢头二月初。"

年龄	别称	说　明
女15岁	笄年	"笄"(jī)是古代的一种簪子，用来插住挽起的头发，或插住帽子。古代女子十五岁可以盘发插笄，这同男子加冠一样，表示到了成年。也称"及笄"。
男15岁	束发	古时男孩到15岁即成童，便可以束发。归有光《项脊轩志》中有"余自束发读书轩中"语。
青少年	童子	指20岁以下的人，相当于当今的青少年。《论语·子路、曾晳、冉有、公西华侍坐》："冠者五六人，童子六七人，浴乎沂，风乎舞雩，咏而归。"
女16岁	妙龄	苏轼《苏潜圣挽词》："妙龄驰誉为夫雄，晚节忘怀大隐中。"后得此雅号。又称"碧玉年华"。
男20岁	弱冠	古人20岁行冠礼，以示成年，但体犹未壮，还比较年少，故称"弱"。冠，指代成年。不能用于女子。又称加冠、冠者。
30岁	而立之年	《论语·为政》有"三十而立"语，指一个人到了30岁应该是人格自立、学识自立、事业自立的年龄。现在成了一个人30岁的代称。《礼记》："三十曰壮，有室。"因而30岁又称"壮年"。
40岁	不惑之年	《论语·为政》有"四十而不惑"语，不惑指遇到事情能明辨不疑。以此作为40岁的代称。
50岁	天命之年	《论语·为政》有"五十而知天命"语，后用"知天命之年"作为50岁的别称。
60岁	耳顺之年	《论语·为政》有"六十而耳顺"语，后将"耳顺之年"作为60岁的别称。又，由天干和地支组成的60岁花甲子，循环周期为60年，也将"花甲"作为60岁别称。
70岁	古稀	杜甫诗《曲江》："酒债寻常行处有，人生七十古来稀。"后便以"古稀"作为70岁的别称。
80岁	杖朝	《礼记》中有"八十杖于朝"语，后将"杖朝之年"作为80岁的别称。又，古人将七八十岁的老人称为"耄耋"。
90岁	上寿	古人将上寿代90岁，中寿代70岁，下寿代60岁以下。《左传·崤之战》中有"中寿，尔墓之木拱矣"，这里的中寿就是指70岁的老人。
百岁	期颐	《礼记》中有"百年曰期颐"语，后人便以人生百年为一期，将"期颐"作为百岁的别称。

八、部分古代文化常识辨析

(一)古代官司职升降的通常说法

1. 征、拜,征召,授予官职。

2. 擢,提升官职。

3. 迁、除、徙、转,调动官职。

4. 左迁、谪,降职、贬官。

5. 黜,罢免官职。

6. 权,暂代官职。

7. 乞骸骨,年老请求辞职。

(二)古代关于"死"的多种说法

1. 崩,古代帝王死。

2. 薨(hōng),诸侯死。

3. 卒,大夫死。

4. 不禄,士死。

5. 死,平民去世。

6. 殇(shāng),未成年人死。

7. 殒(yǔn)、殂(cú),古代泛指死亡。

8. 缢,古代称吊死或绞杀。

9. 殪(yì),古代称被射死,杀死。

(三)古代关于行走的不同说法

1. 步,速度最慢的行走动作。

2. 行,含有步和走两义。

3. 趋,小跑。

4. 走,快跑。

5. 赴,快跑,但近似奔。

6. 奔,是跑,其速度相对最快些。

步行趋走赴奔是由慢到快的行走动作。

(四)骑、骈、骖、驷

骑,骑马,为一人一马。骈,两马并驾一车。骖,三匹马驾一辆车。驷,四匹马驾一辆车。

(五)都、邑、城、市、鄙

"都"和"邑"都是城镇的意思,不过,"都"比"邑"大些,并有先君的宗庙,因而汉以后引申为国都。"城"原义是城墙,并由城墙引申为城墙范围内的区域,或指代城邑。"市"是买卖、交易的场所。"鄙"是边远的地区。

附录6：部分古代汉语知识

一、文言文宾语前置

文言文宾语前置表

类型	举例	说明
疑问代词作动词宾语	大王来何操？（《鸿门宴》） ——大王您来的时候拿了什么？ 沛公安在？（《鸿门宴》） ——沛公在哪里？	在疑问句中，疑问代词作动词（介词）的宾语，宾语一般置于动词谓语（介词）前。 常见疑问代词主要有三类，一是指人的，如"谁""孰"等；二是指事物的，如"何""胡""曷""奚"等；三是指处所的，如"安""恶""焉"等。
疑问代词作介词宾语	微斯人，吾谁与归？（《岳阳楼记》） ——没有这种人，我同谁一道呢？ 则何以哉（《子路、曾皙、冉有、公西华侍坐》） ——你们打算做点什么呢？	
否定句中代词作宾语	秦人不暇自哀。（《过秦论》） ——秦人来不及哀叹自己。 不吾知也。（《子路、曾皙、冉有、公西华侍坐》） ——不了解我们。	在否定句中，代词作宾语，宾语大多置于动词谓前。但要具备两个条件：一是宾语必须是代词；二是句子必须是否定句，由"不""毋""莫"等否定词表示。
介词"以"的某些宾语	寡君之以为戮，死且不朽。（《殽之战》） ——我们的国君把我们杀了，死了也不忘记这次的失败。	为了强调介词"以"的宾语，可以把宾语提到介词"以"的前面。
谓宾间有助词"之"或"是"的宾语	句读之不知，惑之不解。（《师说》） ——不懂得断句，不明白疑难问题。	为了强调宾语，在动词谓语和宾语之间插上助词"之"或"是"，使宾语置于动词谓语之前。这种情况下，"之"或"是"为宾语前置的标志。

二、文言文定语后置

文言文定语后置表

类　型	举　例	说　明
者字结构作定语	求人可使报秦者,未得。(《廉颇蔺相如列传》) ——寻找可以派去答复秦国的使者,没有找到。	其结构特点为:中心词+者字结构
助词"之"后的形容词作定语	苟以天下之大,而从六国破亡之故事,……(《六国论》) ——如果凭着如此大的国家,却重走六国灭亡的老路……	其结构特点为:中心词+之+形容词
"之……者"结构作定语	石之铿然有声者,所在皆是也。(《石钟山记》) ——(敲击后)铿铿然发出声音的石头,到处都这样。	其结构特点为:中心词+之+者字结构
数词或数量词作定语	沛公兵十万,在霸上。(《鸿门宴》) ——沛公的十万军队,驻在霸上。	其结构特点为:中心词+数词(或数量词)

三、文言文介词结构后置

文言介词结构后置表

类　型	举　例	说　明
介词"于"组成的介词结构	青,取之于蓝,而青于蓝。(《劝学》) ——靛青,是从蓝草中提取的,却比蓝草的颜色还要青。	用介词"于"组成的介宾短语在文言文中大都处在补语的位置,译成现代汉语时,除少数仍做补语外,大多数都要移到动词前作状语。
介词"以"组成的介词结构	具告以事。(《鸿门宴》) ——把事情详细地告诉他。 饰以篆文山龟鸟兽之形。(《张衡传》) ——用小篆所写的字和山龟鸟兽的图纹来装饰。	介词"以"组成的介宾短语,在今译时,一般都作状语。

参考答案及讲析

01. 子路、曾皙、冉有、公西华侍坐

一、单项选择题

1. C("方"应为"道,是非准则"。本题意在考查同学们对文言实词、虚词的掌握)

2. D(A项"会同":古义:会,诸侯相见;同,诸侯共同朝见天子。今义:跟有关方面会合起来办事。B项"师旅":古义:两千五百人为一师,五百人为一旅,泛指侵略的军队。今义:军队的编制单位,无泛指义。C项"童子":古义:指少年,不到20岁的男子。今义:指男孩子。D项"君子"指对别人的尊称。本题考查古今异义)

3. D(A项"风":吹风,乘凉,名词用作动词。B项"撰":才能,指为政才能,动词用作名词。C项"鼓":弹奏,名词用作动词)

二、阅读

4. (1)纵横,方圆。考查一词多义。

(2)小,形容词用作名词。小,小事,指做小相。考查词类活用。

5. 倒装句中的宾语前置,即"不知吾也",不了解我们。本题考查文言句式。

6. (1)(像)诸侯祭祀祖先的事,或者是诸侯会盟、共同朝见天子(的时候),(我)愿意穿着礼服,戴着礼帽,做一个小小的赞礼人。

(2)一个拥有一千辆兵车的国家,夹在大国之间,有(别国)军队来侵略它,接着(国内)又有饥荒。

讲析:考核点既有词类活用,古今异义,又有古代文化常识,同学们必须引起重视。

7. 孔子谦和诚恳,循循善诱,可敬可亲。子路直率鲁莽,好胜自诩。冉有谨慎小心,谦虚退让。公西华谦虚谨慎,善于辞令。曾皙雍容飘洒,卓尔不群。

02. 鸿门宴

一、单项选择题

1. C("如"在该句中应理解为"去,往"。本题意在考查同学们对文言实词、虚词的掌握)

2. D(A项中"河南"古义指黄河以南;B项中"婚姻"古指儿女亲家;C项中"非常"古指意外的事故,均与今义不同。本题考查古今异义)

3. C(例句中,"兄"是名词用作状语,翻译成"像对待兄长那样"。而在四个选项中,加点的四个字都是名词,但所处位置不同,故承担的功能就不同了。A项中"善"是形容词作谓语动词;B项中的"目"是名词作谓语动词;D项的"籍"也是名词作谓语动词;只有C项与"兄"的用法一样,翻译成"像奴隶一样"。此题考查词类活用)

二、阅读

4. (1)料想。考查一词多义。

(2)小,形容词用作名词,小的方面。考查词类活用。

5. 倒装句中的宾语前置,疑问句中代词作宾语,即"大王来操何?"大王来的时候带了什么东西?考查文言句式。

6. (1)楚国的左君项伯这个人,是项羽的叔父,平时和留候张良友好。

(2)樊哙说:"做大事情不必顾虑细枝末节,讲大礼不必讲究小的礼让。现在人家正像切肉的刀和

砧板,我们是鱼和肉,告辞干什么呢?"

讲析:考核点既有词类活用、古今异义,又有古代文化常识,需引起同学们的重视。

7.全文以"鸿门宴"为中心事件,以"杀不杀刘邦"为线索,按时间顺序展开故事情节。主要由这么几个情节构成:无伤告密;沛公谢罪;樊哙闯帐;张良入谢;范增说羽;项王留饮;项王赐酒;项王受璧;项伯报信;范增示意;樊哙陈辞;范增悲愤;张良献计;项庄舞剑;沛公出逃;沛公除奸。

03.师说

一、单项选择题

1.A(①是名词作动词,学习;②是意动用法,以……为耻;③是意动用法,以……为耻;④是形容词作名词,小的方面,大的方面;⑤是名词作动词,低于;⑥是形容词作名词,圣人,愚人;⑦是意动用法,以……为师。本题考查词类活用)

2.A(A句中的为语气词,有"大概"的意思,其余三项都是代词。本题考查一词多义)

3.C(C句为判断句,与例句一样,A为宾语前置句,B为介词结构后置句,D无特殊句式。本题考查文言句式)

二、阅读

4.①风尚。考查一词多义。

②以……为师,意动用法。考查词类活用。

5.被动句,即"不被时代限制"。

6.①老师,是用来传授道理,讲授学业,解答疑难问题的。

②不理解断句停顿,向老师学习;不能解决疑惑却不向老师求教,小的方面学习,大的方面却丢弃,我看不出他们是明白事理的。

7.文章运用了正反对比的论证方法,从三个方面作对比,剖析"不从师"的症结。先以"古之圣人"的"从师而学"与"今之众人"的"耻学于师"作对比,再以人们为子"择师而教之"与自身"则耻师"作对比,最后以"巫医乐师百工之人"的"不耻相师"与"士大夫之族"的"群聚而笑之"作对比。三组对比形成鲜明对照,彰显不从师而学的荒谬,对不良风气作了有力的批判。

讲析:此题意在考察学生对本文章写作特色的掌握,巩固学生对文章中心的理解。是一道综合分析题。

04.六国论

一、单项选择题

1.D(A项的"兵"是"兵器"的意思;B项的"盖"有"因为"的意思;C项的"与"是"亲附"的意思,"义"是名词活用作动词,"坚持正义"。本题意在考查同学们对文言实词、虚词的掌握)

2.C(祖父:祖辈和父辈;至于:以至于;智力:智慧和力量;其实:它的实际数量;故事:旧事、旧例。其余都不是古今异义。本题考查古今异义)

3.D(A项"日""月"都是名词作状语,一天天地、一月月地;B项"却"是使动用法,使……退却;C项的"礼"是名词作动词,礼遇、礼待。本题意在考查词类活用)

二、阅读

4.(1)坚持到底,动词。考查一词多义。

(2)完好保全,形容词作动词。考查词类活用。

5.倒装句中的介词结构后置,即"赵尝于秦五战"。考查文言句式。

6.(1)治理国家的人千万不要使自己被别人的

一贯暴力所挟制啊!

(2)如果以偌大的天下,而采取下策追随六国灭亡的旧事,那就又在六国之下了。

7.本文的中心论点是"六国破灭,弊在赂秦"。

本文是开门见山地提出中心论点,简洁明快。接着文章从两个分论点加以论证:一是"赂秦而力亏,破灭之道也",二是"不赂者以赂者丧"。

07. 劝学

一、单项选择题

1. B("假"应为"借助,利用"。本题意在考查文言实词、虚词)

2. D(A项"博学":古义指广泛地学习;今义指知识、学识的渊博。B项"寄托":古义指容身、托身;今义指把感情、理想、希望等放在某人身上或某种事物上。C项"心":古义指思想;今义指心脏。本题考查古今异义)

3. A(B项"輮",使……弯曲,使动用法。C项"高",高处,形容词用作名词。D项"水",游水、游泳,名词用作动词。本题考查词类活用)

二、阅读

4.(1)"生"通"性",资质,禀赋。考查通假字、一词多义。

(2)"直",形容词用作动词,变直。考查词类活用。

5.倒装句中的定语后置,即"蚓无利之爪牙,强之筋骨",蚯蚓没有锋利的爪牙,强劲的筋骨。考查文言句式。

6.(1)靛青,是从蓼蓝中提取的,但它比蓼蓝(的颜色)更青。

(2)雕刻不停,金石也能被雕刻成功。

讲析:考核点既有文言虚词"于"、"而"的用法,介词结构后置句、被动句等特殊句式,也涉及了源自本文的两个成语"青出于蓝""锲而不舍"。

7.中心论点:学不可以已。文章是从学习的意义、作用以及方法和态度几个方面进行阐述的。

08. 过秦论

一、单项选择题

1. B("镝"应解释为"箭头";"絜"应读为"xié";"氓"应读为"méng",解释为"耕田的人"。本题意在考查字音、字义)

2. D("分裂山河"一词中,"山河"并非古今异义词,而"分裂"才是古今异义词:古义指划分,今义指整体事物的分开或使整体的事物分开。本题考查古今异义)

3. A(①③为使动用法,②⑥为形容词用作名词,④为名词用作动词,⑤为名词用作状语,⑦为形容词用作动词,⑧为动词用作名词。本题考查词类活用)

二、阅读

4.(1)凭借。考查一词多义。

(2)"倔"通"崛",突出,举起。考查通假字。

5.省略句(省介词宾语),即"以(之)为桂林、象郡",把它划为桂林郡和象郡。考查特殊句式。

6.(1)收缴天下的兵器,集中在咸阳,销熔这些刀箭,用它铸造成十二个铜人,来削弱天下的老百姓。

(2)(就因为)不施行仁义而使攻守的形势发生了变化啊。

讲析:考核点既有一词多义,词类活用,特殊句式,又有对统率全文的主要观点的理解。

7.文章在末尾议论中,将陈涉与九国之师作了多层次、多角度的对比。一比社会地位,二比武器装备,三比士卒素质,四比谋划策略。陈涉与九国之师不论在哪个方面比较都要差很多,可正是他率领成卒,打败了强大的秦朝。这正好从侧面反映出秦朝灭亡,问题不在对手,而在于本身。

09. 赤 壁 赋

一、单项选择题

1. B(B项的"如"应为"往、到"的意思,其余三项为"像"的意思。本题意在考查同学们对文言实词、虚词的掌握。)

2. D(A"冯"通"凭",B"缪"通"缭",C"属"通"嘱"。本题考查通假字的知识。)

3. D(A、B、C项均为名词用作动词;D项为名词用作状语。本题意在考查同学们对词类活用情况的掌握。)

二、阅读

4. (1)溯,逆流而上。本题重在考查词义。

(2)茫然,旷远的样子。考查古今异义。

5. 《短歌行》。本题意在考查同学们对课文内容和文学常识的掌握。

6. (1)要是从它们变的一面来看,那么,天地间的一切事物,甚至不到一眨眼的工夫就发生了变化。

(2)哀叹我生命的短暂,而羡慕长江的流水无穷无尽。

(3)我知道这是不可能突然得到的,(因而只能)在悲凉的秋风中,(把我的忧思)寄托到箫声里去。

讲析:考核点既有重点文言实、虚词,又有特殊句式。

7. (1)苏轼力图排遣政治打击而带来的苦闷从而听任自然,乐观旷达,作者力图从消极中超脱出来,其实是含蓄地向他的政敌暗示,我虽然遭贬,但我却超然世外,飘然欲仙,寄情山水,尽得其乐,不寂寞不烦恼,反而积极向上。

(2)感情变化过程:乐—悲—乐。先写月夜泛舟,饮酒赋诗,沉浸在美好景色中而忘怀世俗的快乐心情;再从凭吊历史人物的兴亡,感到人生短促,变化无常,因而跌入现实的苦闷;最后阐发变与不变的哲理,表现了旷达乐观的人生态度。

(3)他的人生态度是乐观的,作者表明的观点是希望一个人不要无病之呻吟,不要去追求那种看似超脱尘世其实却并不现实的幻想世界;而适应现实,在目前这种宁静恬适的环境中不妨陶醉在大自然的怀抱中。但也有负面因素,主张随遇而安也可能导致斗志的消减;但考虑到苏轼是在走出监狱到达流放地而几乎丧失自由的情况下说这番话的,反映了他的坦荡、旷达和强烈的生活信念,值得肯定的方面是主流。

12. 庖丁解牛

一、单项选择题

1. B(A、C、D项均为判断句;B项为倒装句,句中存在宾语前置和介词结构后置两种倒装情况。本题意在考查同学们对特殊句式的掌握。)

2. D(A项"向"通"响",B项"踦"通"倚",C项"技"通"枝"。本题考查通假字的知识。)

3. A(A项中"视"和"行"均为动词用作名词;B项中"岁"为名词用作状语;C项中"厚"是形容词用作名词;D项中"履"是名词用作动词。本题意在考查同学们对词类活用情况的掌握。)

二、阅读

4. 节奏、韵律。

5. 介词结构后置句,"乎"同"于",即"乎技进",比技术更进一步。

6. (1)我依照着牛身体的自然结构,劈开筋肉的间隙,插入骨节的空隙,顺着牛的自然结构去用刀,即便是经络相连的地方都没有一点妨碍,何况大骨头呢!

(2)即使这样,可是每当遇到筋骨盘结的地方,我知道难以下手,就小心谨慎,眼神因此专注,行动因此放慢。

讲析:考核点既有一词多义,词类活用,古今异义,又有特殊句式。

7.(1)对"道"的追求超过了对技术的追求("进乎技矣")。他不停留在掌握具体的"技"上,

而是探求"道"——解牛的规律——作为实践的目标。

(2)不懈实践,在反复实践中积累经验,探求规律,运用规律。正因为如此,他由不懂规律("所见无非牛者")过渡到认识规律("目无全牛"),又飞跃到熟练运用规律(游刃有余)。

(3)谨慎小心,尊重规律。庖丁虽然技艺超凡脱俗,但他"每至于族,吾见其难为,怵然为戒,视为止,行为迟,动刀甚微",从不骄傲大意。

13.廉颇蔺相如列传

一、单项选择题

1.C(A项中"庭"通"廷";B项中"奉"通"捧";D项中"不"通"否")

2.A("辱"与例句中的"归"均为动词的使动用法,使……受辱。B项,形容词作动词,尊重。C项,形容词的意动用法,以……为先。D项,名词作动词,穿。考查词类活用)

3.A(A项,与例句均为判断句;B项,疑问句;C项,被动句;D项,宾语前置句)

二、阅读

4.(1)"请"含有"读允许我"之意。考查一词多义。

(2)意动用法,以……为先。考查词类活用。

5.判断句,用"所以……,……也"表因果关系

的判断。考查特殊句式。

6.(1)想给秦国(和氏璧),秦国的城池又恐怕不能得到,白白地被欺骗了;想不给,就担心秦军攻来。

(2)(秦王)拿城来换和氏璧而赵国不答应,理亏在赵国;赵国给秦国和氏璧而它不给赵国城,理亏在秦国。比较这两个对策,宁可答应(秦国的要求)而让它承担理亏(的责任)。

7.课文主要选取了"完璧归赵""渑池之会""廉蔺交欢"三个典型事件,生动地表现了蔺相如大智大勇、威武不屈、不畏强暴的形象及其从大局出发的崇高精神,同时也凸显了廉颇忠于国家、勇于改过的可贵品质。

14.《伶官传》序

一、单项选择题

1.B(装纳、放进)

2.A(A项为加强祈使语气的副词,其余为代词)

3.C(A项中"兴""亡"为使动用法;B项中"夜"为名词作状语,"乱"为形容词作动词;D项中"函"为名词作动词。考查词类活用)

二、阅读

4.(1)推究,探究。考查实词词义。

(2)用。考查虚词词义。

5.被动句。

6.(1)忧虑辛劳可以使国家兴盛,安闲享乐可以使自身灭亡,这是自然的道理。

(2)祸患常常是从细微的事情积累起来的,人的才智勇气往往被他溺爱的事物困扰。

讲析:考点中既包含通假字又涉及词类活用以

218

及考试热点。考查学生对基础知识的掌握。

7.中心论点:盛衰之理,由于人事。这一论点本身就是一个既正反对立而又合二为一的命题。全文以"盛""衰"二字贯穿始终,从"盛""衰"两个方面,围绕着"人事"进行层层深入的对比论证。本文的对比论证在总体上着眼于"盛""衰"与"忧劳""逸豫"的因果关系,从中心论点到论据,从论证过程到结论,不论是所用的事例或史实,还是作者抒发的感慨和议论,都是对比性的。通过正反两方面的鲜明对比,既突出了中心论点,使说理深刻、透彻,也使文章一气贯通,前后呼应,脉络清晰,结构严谨。

通过"晋王三矢"这一典型、生动的事例,充分地体现了庄宗的"忧劳",突出了"人事"的作用,再辅之以评论庄宗盛衰时所涉及的点滴史实,就使人对于庄宗的由"盛"而"衰"、由"忧劳"到"逸豫"不言而明,达到了以材料论证观点的目的,起到了以古鉴今、举一反三的作用。

论证方法有:对比论证、举例论证、引用论证。